महानायक डॉ. आंबेडकर का बचपन

महानायक डॉ. आंबेडकर का बचपन

महेश दत्त शर्मा

सत्साहित्य प्रकाशन, दिल्ली

प्रकाशक : सत्साहित्य प्रकाशन,
694 (पहली मंजिल), चावड़ी बाजार, दिल्ली–110006
सर्वाधिकार : सुरक्षित / संस्करण : 2026 / मूल्य : तीन सौ रुपए
मुद्रक : आर–टेक ऑफसेट प्रिंटर्स, दिल्ली ISBN 978-93-92573-44-6

MAHANAYAK DR. AMBEDKAR KA BACHAPAN
by Shri Mahesh Dutt Sharma ₹ 300.00
Published by **SATSAHITYA PRAKASHAN**
694 (First Floor), Chawri Bazar, Delhi-110006

अपनी बात

बाबा साहब बी.आर. आंबेडकर को भारतीय संविधान के सिद्धांत निर्माता और दलित अधिकारों के मुखर प्रवक्ता के रूप में जाना जाता है। उनका जन्म एक अछूत जाति में हुआ था, जिसे 'महार' के नाम से जाना जाता था—एक ऐसा समूह जिसे अंग्रेजों द्वारा 'अवर ग्राम सेवक' के रूप में देखा गया। उन्होंने कम उम्र से ही भेदभाव का अनुभव किया, जिसका उन्होंने अपने बाद के लेखन में स्पष्ट रूप से वर्णन किया। एक जगह वह लिखते हैं—

"स्कूल में रहते हुए मैं जानता था कि जब सामान्य वर्ग के बच्चे प्यासे होते हैं, तो वे पानी के नल के पास जा सकते हैं, उसे खोल सकते हैं और अपनी प्यास बुझा सकते हैं, लेकिन मेरी स्थिति अलग थी। मैं नल को नहीं छू सकता था और जब तक नल को कोई सामान्य जन मेरे लिए नहीं खोल देता, तब तक मेरी प्यास बुझाना संभव न था।"

अपनी नीची जाति के बावजूद, आंबेडकर के पिता भारतीय सेना में एक अधिकारी बने और उन्होंने बच्चों की शिक्षा पर विशेष जोर दिया। उस समय शिक्षक अकसर दलित बच्चों की शिक्षा के प्रति अनिच्छुक थे, अकसर उनकी परीक्षा लेने से मना कर देते थे।

आंबेडकर अपने समुदाय में स्नातक करनेवाले पहले व्यक्ति थे और उन्होंने बॉम्बे विश्वविद्यालय में अर्थशास्त्र और राजनीति में बी.ए. की पढ़ाई की। यहाँ उनकी भेंट बड़ौदा रियासत के महाराजा सयाजी राव तृतीय से हुई।

महाराजा अस्पृश्यता को दूर करने सहित सामाजिक सुधारों के सक्रिय पैरोकार थे। उन्होंने आंबेडकर को आगे की शिक्षा के लिए विदेश भेजा, पहले न्यूयॉर्क में कोलंबिया विश्वविद्यालय में जहाँ उन्होंने परास्नातक और पी-एच.डी. पूरी की और बाद में लंदन स्कूल ऑफ इकोनॉमिक्स और पॉलिटिकल साइंस में।

इस अवधि के दौरान आंबेडकर ने अर्थशास्त्र, इतिहास और राजनीति विज्ञान का अध्ययन किया और भारत में जाति के इतिहास सहित कई विषयों पर लिखा।

1917 में युद्ध और उनकी छात्रवृत्ति की समाप्ति से आंबेडकर की पढ़ाई बाधित हो गई। वह भारत लौटने के लिए बाध्य थे, जहाँ उन्हें जबरन उनकी अछूत स्थिति की याद दिलाई गई, कुछ ऐसा जिसे वह पश्चिम में अध्ययन करते हुए भूल चुके थे। यहाँ तक कि जब उन्हें बॉम्बे में सिडेनहैम कॉलेज ऑफ कॉमर्स एंड इकोनॉमिक्स में प्रोफेसर के रूप में नियुक्त किया गया था, तब भी अन्य फैकल्टी ने पानी के जग का उपयोग करने पर आपत्ति जताई थी।

यही वह समय था, जब उन्होंने दलित अधिकारों के लिए अभियान शुरू किया। 1920 में उन्होंने एक साप्ताहिक मराठी अखबार शुरू किया, जिसमें जातिगत भेदभाव की कड़ी आलोचना की गई और असमानता के खिलाफ दलित जागरण और लामबंदी का आह्वान किया गया।

बाद में कोल्हापुर के महाराजा के वित्तीय समर्थन पर उन्होंने लंदन जाकर अपनी पढ़ाई पूरी की और 1924 में बंबई लौटने पर, दलितों के बीच सामाजिक-राजनीतिक जागरूकता को बढ़ावा देने और उनकी शिकायतों के बारे में जन-जागरूकता बढ़ाने के लिए 'बहिष्कृत हितकारिणी सभा' (बहिष्कृत लोगों की भलाई के लिए समूह) की स्थापना करके सामाजिक सुधार के लिए अपने अभियान को तेज कर दिया।

अगले बीस वर्षों में उन्होंने अछूतों को संगठित करने में महत्त्वपूर्ण भूमिका निभाई। उन्होंने दलित समाचार-पत्रों, सामाजिक और सांस्कृतिक संस्थानों का निर्माण किया, दलित वर्गों के सम्मेलनों में भाग लिया, मंदिर में प्रवेश और पानी तक पहुँच में भेदभाव के खिलाफ विरोध शुरू किया और शिक्षा के लिए दलितों की पहुँच को बढ़ावा दिया।

उसी समय, उन्होंने राजनीतिक अधिकारों के लिए याचिका दायर करने के लिए ब्रिटिश सरकार द्वारा पेश किए गए अवसरों का लाभ उठाया, यहाँ तक कि उन अवसरों पर भी जब भारतीय राष्ट्रीय कांग्रेस ने संवैधानिक सुधार चर्चाओं का बहिष्कार करना चुना, उदाहरण के लिए साइमन कमीशन के दौरान। उन्होंने 1937 और 1946 में अंग्रेजों द्वारा दिए गए चुनाव लड़ने के लिए दो राजनीतिक दलों की स्थापना की, हालाँकि इन्हें संसाधन-संपन्न कांग्रेस पार्टी के खिलाफ बहुत कम सफलता मिली।

यद्यपि वे ब्रिटिश औपनिवेशिक सरकार के आलोचक थे, आंबेडकर अकसर कांग्रेस और राष्ट्रवादी आंदोलन के साथ थे, क्योंकि मुख्यत: वे अस्पृश्यता के मुद्दे को संबोधित करने के लिए संघर्ष करते थे। 1932 में ब्रिटिश प्रधानमंत्री रामसे मैकडोनाल्ड ने अछूतों सहित अल्पसंख्यकों के लिए अलग निर्वाचक मंडल प्रदान करने के लिए सांप्रदायिक पुरस्कार प्रदान किया, लेकिन गांधीजी इस बात पर अड़े थे कि वे हिंदू वोट में इस तरह के विभाजन को स्वीकार नहीं कर सकते थे और उन्होंने आमरण अनशन शुरू कर दिया, जिससे आंबेडकर को पीछे हटने और संयुक्त मतदाताओं के लिए सहमत होने के लिए मजबूर होना पड़ा।

1930 के दशक के दौरान दोनों के बीच संबंध तेजी से टूटते गए। आंबेडकर ने जाति व्यवस्था को अस्वीकार करने के बजाय, हिंदुओं को सुधार के लिए मनाने के गांधी के प्रयास को अप्रभावी और दलित राजनीतिक अधिकारों के लिए एक बाधा के रूप में देखा। 1930 के

दशक के उत्तरार्ध में गांधी और आंबेडकर ने अपने मतभेदों को उजागर करते हुए संक्षिप्त पत्राचार किया और 1940 के दशक में आंबेडकर ने कांग्रेस और गांधी की आलोचना करते हुए और उन पर घोर पाखंड का आरोप लगाते हुए दो ग्रंथ लिखे।

कांग्रेस के साथ आंबेडकर के मतभेदों के बावजूद, जब अगस्त 1947 में भारत स्वतंत्र हुआ, तो प्रधानमंत्री नेहरू ने उन्हें पहले कानून और न्याय मंत्री बनने के लिए आमंत्रित किया। कुछ ही समय बाद, संविधान सभा ने आंबेडकर को नए संविधान के लिए मसौदा समिति के अध्यक्ष के रूप में नियुक्त किया।

आंबेडकर के प्रभाव को परिणामी भारतीय संविधान के कई पहलुओं में देखा जा सकता है, जैसे उदार लोकतंत्र, संघीय ढाँचे पर जोर और अल्पसंख्यकों के लिए प्रावधान और सुरक्षा उपायों के साथ-साथ अस्पृश्यता का जोरदार उन्मूलन।

संविधान 26 जनवरी, 1950 को प्रख्यापित किया गया था। आंबेडकर ने इसकी सराहना की कि इसकी सीमाएँ हैं और घोषणा की कि सामाजिक लोकतंत्र के बिना राजनीतिक लोकतंत्र का कोई अर्थ नहीं हो सकता। वास्तव में, यह एक समान नागरिक संहिता से सहमत होने से कांग्रेस का इनकार था, जो सामाजिक रूप से प्रगतिशील होता, उदाहरण के लिए लैंगिक समानता को आगे बढ़ाने में; लेकिन यह हिंदुओं और मुसलमानों के व्यक्तिगत धार्मिक कानूनों का पालन करने की क्षमता को प्रतिबंधित कर देता, जिसके कारण आंबेडकर ने 1951 में कानून और न्याय मंत्री के रूप में अपने पद से इस्तीफा दे दिया।

हालाँकि उन्हें विश्वास था कि नया संविधान एक नए स्वतंत्र राष्ट्र के रूप में भारत के निर्माण के लिए एक ठोस आधार का प्रतिनिधित्व करता है—"मुझे लगता है कि संविधान व्यावहारिक है; यह लचीला है और यह देश को शांति के समय और युद्ध के समय दोनों में एक साथ

रखने के लिए पर्याप्त मजबूत है। दरअसल, अगर मैं ऐसा कह सकता हूँ, अगर नए संविधान के तहत चीजें गलत हो जाती हैं, तो इसका कारण यह नहीं होगा कि हमारा संविधान खराब था। हमें जो कहना होगा वह यह है कि मनुष्य भ्रष्ट था।"

बाबा साहब बी.आर. आंबेडकर के अनंत संघर्ष की मर्मांतक कहानी, जिसमें उनके बाल संघर्ष को मुखरता से अभिव्यक्त किया गया है।

—लेखक

अनुक्रम

1

संघर्ष से सफलता

महात्मा आए और चले गए, परंतु अछूत अछूत ही बने हुए हैं।

—भीमराव आंबेडकर

भीमराव आंबेडकर मध्य प्रदेश में पैदा हुए एक भारतीय न्यायविद्, राजनेता, दार्शनिक, विचारक, मानवविज्ञानी, इतिहासकार, वक्ता, विपुल लेखक, अर्थशास्त्री, विद्वान्, संपादक, क्रांतिकारी और भारत में बौद्ध धर्म के पुनरुत्थानवादी थे। वे भारतीय संविधान के मुख्य शिल्पकार थे। अछूतों/दलितों की गरिमा और अधिकारों के लिए उनका संघर्ष भारत के मानव अधिकारों के इतिहास में एक अनुकरणीय घटना थी। आंबेटकर ने अपना पूरा जीवन सामाजिक भेदभाव, चतुरवर्ण की व्यवस्था—मानव समाज के चार वर्णों में हिंदू वर्गीकरण और जाति व्यवस्था के खिलाफ लड़ते हुए बिताया। अस्पृश्यता और जाति प्रतिबंध जैसी सामाजिक बुराइयों को मिटाने के लिए डॉ. आंबेडकर के प्रयास उल्लेखनीय थे। नेता ने जीवन भर दलितों और अन्य सामाजिक रूप से पिछड़े वर्गों के अधिकारों के लिए संघर्ष किया। उन्हें जवाहरलाल नेहरू

के मंत्रिमंडल में देश के पहले कानून मंत्री के रूप में नियुक्त किया गया। उन्हें दलित जनता के उत्थान के लिए स्वतंत्रता, समानता और बंधुत्व के बौद्ध दर्शन द्वारा निर्देशित अपने सबसे उल्लेखनीय और अभिनव आंदोलन के साथ रक्तहीन क्रांति को जन्म देने का श्रेय दिया जाता है। मरणोपरांत 1990 में उन्हें भारत के सर्वोच्च नागरिक सम्मान 'भारत रत्न' से सम्मानित किया गया।

जीवन रेखाचित्र

भीमराव रामजी आंबेडकर का जन्म 14 अप्रैल, 1891 को मध्य प्रदेश में भीमाबाई और रामजी सकपाल के यहाँ हुआ। वह अपने माता-पिता की चौदहवीं संतान थे। आंबेडकर के पिता भारतीय सेना में सूबेदार थे और मध्य प्रदेश के महू छावनी में तैनात थे। 1894 में अपने पिता की सेवानिवृत्ति के बाद परिवार महाराष्ट्र के एक छोटे से शहर सतारा चला गया। कुछ ही समय बाद उनकी माँ का निधन हो गया, उनके पिता ने पुनर्विवाह किया और परिवार बॉम्बे में स्थानांतरित हो गया, जहाँ उन्होंने 1908 में अपनी मैट्रिक के लिए अर्हता प्राप्त की। भीमराव आंबेडकर जातिगत भेदभाव के शिकार थे। उनके माता-पिता हिंदू महार जाति के थे, जिसे प्रचलित हिंदू सामाजिक व्यवस्था द्वारा 'अछूत' के रूप में देखा जाता था।

> ***भीमराव रामजी आंबेडकर का जन्म 14 अप्रैल, 1891 को मध्य प्रदेश में भीमाबाई और रामजी सकपाल के यहाँ हुआ। वह अपने माता-पिता की चौदहवीं संतान थे। आंबेडकर के पिता भारतीय सेना में सूबेदार थे और मध्य प्रदेश के महू छावनी में तैनात थे।***

भीमराव आंबेडकर को रोजमर्रा की जिंदगी में समाज के हर कोने

से गंभीर भेदभाव का सामना करना पड़ा। ब्रिटिश सरकार द्वारा चलाए जा रहे आर्मी स्कूल में भी इस भेदभाव और अपमान ने आंबेडकर को परेशान किया। सामाजिक आक्रोश के डर से, शिक्षक निचली जाति के छात्रों को ब्राह्मणों और अन्य उच्च जातियों से अलग कर देते थे। शिक्षक अकसर अछूत छात्रों को कक्षा के बाहर बैठने के लिए कहते थे।

सतारा में स्थानांतरित होने के बाद उन्हें एक स्थानीय स्कूल में भर्ती कराया गया, लेकिन स्कूल बदलने से युवा भीमराव की किस्मत नहीं बदली, वे जहाँ भी गए भेदभाव के शिकार बने। 1908 में आंबेडकर को कला में स्नातक करने के लिए एलफिंस्टन कॉलेज, मुंबई में अध्ययन करने का अवसर मिला। वह एक बुद्धिमान छात्र थे, इसलिए उन्हें तत्कालीन राज्य बड़ौदा के गायकवाड़ शासक सयाजीराव तृतीय से पच्चीस रुपए प्रतिमाह की छात्रवृत्ति से सम्मानित किया गया था। राजनीति विज्ञान और अर्थशास्त्र वे विषय थे, जिनसे उन्होंने 1912 में बॉम्बे विश्वविद्यालय से स्नातक की उपाधि प्राप्त की।

भीमराव आंबेडकर को रोजमर्रा की जिंदगी में समाज के हर कोने से गंभीर भेदभाव का सामना करना पड़ा। ब्रिटिश सरकार द्वारा चलाए जा रहे आर्मी स्कूल में भी इस भेदभाव और अपमान ने आंबेडकर को परेशान किया।

वे अपने उच्च अध्ययन के लिए कोलंबिया विश्वविद्यालय, यू.एस.ए. गए और 8 जून, 1927 को उन्हें डॉक्टरेट की उपाधि से सम्मानित किया गया। उसी विश्वविद्यालय में नवंबर 2011 में, अपने 300वें वर्ष के पूरा होने पर, छह युग निर्माता व्यक्तियों को शॉर्टलिस्ट किया, जिनमें से डॉ. बी.आर. आंबेडकर को एक आइकन के रूप में पहचाना गया और विश्वविद्यालय के मुख्य द्वार पर उनकी कांस्य की प्रतिमा रखकर सम्मानित किया गया। उन्हें ज्ञान का प्रतीक कहा गया

और पट्टिका में लिखा है—'डॉ आंबेडकर को नमन'।

संयुक्त राज्य अमेरिका से लौटने के बाद डॉ. आंबेडकर को बड़ौदा के राजा के रक्षा सचिव के रूप में नियुक्त किया गया, लेकिन उन्हें 'अछूत' होने पर अपमान का सामना करना पड़ा। कार्यालय में अधीनस्थ उसके साथ बैठने को तैयार नहीं थे। यहाँ तक कि चपरासी भी दूर से फाइलें फेंकते और ले जाते।

बॉम्बे के पूर्व गवर्नर लॉर्ड सिडेनहैम की मदद से आंबेडकर ने बॉम्बे में सिडेनहैम कॉलेज ऑफ कॉमर्स एंड इकोनॉमिक्स में राजनीतिक अर्थव्यवस्था के प्रोफेसर के रूप में नौकरी प्राप्त की। अपनी आगे की पढ़ाई जारी रखने के लिए 1920 में वे इंग्लैंड चले गए और लंदन विश्वविद्यालय द्वारा उन्हें डी.एस.सी. की उपाधि से सम्मानित किया गया। आंबेडकर ने अर्थशास्त्र का अध्ययन करने के लिए जर्मनी के बॉन विश्वविद्यालय में भी कुछ महीने बिताए।

संयुक्त राज्य अमेरिका से लौटने के बाद डॉ. आंबेडकर को बड़ौदा के राजा के रक्षा सचिव के रूप में नियुक्त किया गया, लेकिन उन्हें 'अछूत' होने पर अपमान का सामना करना पड़ा।

सामाजिक सुधार आंदोलन

डॉ. आंबेडकर को अछूत होने के कारण अपमान का सामना करना पड़ा, यहाँ तक कि उन्हें अपने अधीनस्थों द्वारा दुर्व्यवहार का भी सामना करना पड़ा। सबसे विचित्र स्थिति तब थी, जब उन्होंने पारसी लॉज के मालिक को अपनी जाति नहीं बताई। आधी रात को उसकी पहचान जानने के बाद उन्हें बाहर निकाल दिया गया। इसने उन्हें एक खुले घाव की तरह दर्द दिया। उनके द्वारा इस घटना का हवाला दिया गया था कि

दुनिया के सर्वश्रेष्ठ विश्वविद्यालयों में शिक्षित होने से उनकी स्थिति का उत्थान नहीं हो सकता और यह उन लाखों अनपढ़ लोगों के समान है, जो भेदभाव और शोषण करते हैं।

भीमराव आंबेडकर ने जातिगत भेदभाव के खिलाफ लड़ने का फैसला किया, जिसने राष्ट्र को लगभग खंडित कर दिया था। आंबेडकर ने लोगों तक पहुँचने और उन्हें प्रचलित सामाजिक बुराइयों की कमियों को समझाने के तरीके खोजने शुरू किए।

भीमराव आंबेडकर ने जातिगत भेदभाव के खिलाफ लड़ने का फैसला किया, जिसने राष्ट्र को लगभग खंडित कर दिया था। आंबेडकर ने लोगों तक पहुँचने और उन्हें प्रचलित सामाजिक बुराइयों की कमियों को समझाने के तरीके खोजने शुरू किए।

उन्होंने 'मूकनायक' (गूँगों का नेता) नामक एक समाचार-पत्र लॉन्च किया और जाति व्यवस्था के अत्याचार और इसके शोषण के रूपों पर मुखर रूप से लिखा। बताया जाता है कि एक दिन, एक रैली में उनका भाषण सुनने के बाद, कोल्हापुर के एक प्रभावशाली शासक छत्रपति शाहू चतुर्थ ने नेता के साथ भोजन किया। इस घटना ने देश के सामाजिक-राजनीतिक क्षेत्र में भी भारी हंगामा खड़ा कर दिया, उनमें भी जिन्होंने उन्हें कुछ फेलोशिप देकर विदेशों में उनकी उच्च शिक्षा का समर्थन किया था।

मंदिर में प्रवेश के लिए उनके सुधार आंदोलन और पानी के प्रति छुआछूत का विरोध भारत में सामाजिक उथल-पुथल के इतिहास में मील के पत्थर थे। भारत में दलितों और आंबेडकरवादियों के लिए, 25 दिसंबर को 'मनुस्मृति' दहन दिन के रूप में याद किया जाता है, जिस दिन बी.आर. आंबेडकर ने 1927 में सार्वजनिक रूप से और औपचारिक रूप से 'मनुस्मृति' को जलाया था। 8 जुलाई, 1945 को

उन्होंने औरंगाबाद, महाराष्ट्र में सामाजिक आंदोलन की नींव के रूप में शिक्षा शुरू करने के लिए वडाला, मुंबई में ऐतिहासिक पीपुल्स एजुकेशन सोसाइटी और एक लॉ कॉलेज की शुरुआत की।

राजनीतिक दर्शन और कॅरियर

उनका राजनीतिक दर्शन बुद्ध के सामाजिक दर्शन से जुड़ा था। लोकतंत्र के सिद्धांत पर उन्होंने कहा, "हमें जो करना चाहिए, वह केवल राजनीतिक लोकतंत्र के साथ खुद को संतुष्ट नहीं करना है। हमें अपने राजनीतिक लोकतंत्र को एक सामाजिक लोकतंत्र भी बनाना चाहिए। राजनीतिक लोकतंत्र तब तक नहीं टिक सकता, जब तक उसके आधार पर सामाजिक लोकतंत्र न हो। सामाजिक लोकतंत्र का क्या अर्थ है? इसका अर्थ है जीवन का एक तरीका, जो स्वतंत्रता, समानता और बंधुत्व को जीवन के सिद्धांतों के रूप में मान्यता देता है। स्वतंत्रता, समानता और बंधुत्व के इन सिद्धांतों को अलग-अलग मदों के रूप में नहीं माना जाना चाहिए। वे इस अर्थ में एक संघ बनाते हैं कि एक को दूसरे से तलाक देना लोकतंत्र के मूल उद्देश्य को हराना है। स्वतंत्रता को समानता से अलग नहीं किया जा सकता, न ही स्वतंत्रता और समानता को बंधुत्व से अलग किया जा सकता है।"

हमें जो करना चाहिए, वह केवल राजनीतिक लोकतंत्र के साथ खुद को संतुष्ट नहीं करना है। हमें अपने राजनीतिक लोकतंत्र को एक सामाजिक लोकतंत्र भी बनाना चाहिए। राजनीतिक लोकतंत्र तब तक नहीं टिक सकता, जब तक उसके आधार पर सामाजिक लोकतंत्र न हो।

अपने सामाजिक दर्शन के दावे में वह अपनी शक्ति के स्रोत को प्रमाणित करते हैं, "सकारात्मक रूप से, मेरे सामाजिक दर्शन को तीन

शब्दों में निहित कहा जा सकता है—स्वतंत्रता, समानता और बंधुत्व। फिर भी कोई यह कहे कि मैंने अपना दर्शन फ्रांसीसी क्रांति से उधार लिया है, तो नहीं। मेरे दर्शन की जड़ें धर्म में हैं न कि राजनीति विज्ञान में। मैंने उन्हें अपने गुरु बुद्ध की शिक्षाओं से प्राप्त किया है।"

1936 में, डॉ. आंबेडकर ने एक स्वतंत्र लेबर पार्टी का गठन किया और 1937 में केंद्रीय विधानसभा के चुनावों में उनकी पार्टी ने 15 सीटें जीतीं। पार्टी को अखिल भारतीय अनुसूचित जाति संघ में बदल दिया गया था, लेकिन भारत की संविधान सभा के लिए 1946 में हुए चुनावों में खराब प्रदर्शन किया। डॉ. आंबेडकर ने अछूत समुदाय को हरिजन कहने के कांग्रेस और महात्मा गांधी के फैसले पर आपत्ति जताई। जब रैमसे मैकडोनाल्ड ने सांप्रदायिक पुरस्कार की घोषणा की, तो महात्मा गांधी थे, जो मुख्य रूप से आमरण अनशन पर चले गए थे, क्योंकि डॉ. आंबेडकर का मत था कि अछूतों और निचली जाति के लोगों के लिए अलग चुनावी व्यवस्था होनी चाहिए। बैरिस्टर महात्मा गांधी के जीवन को बचाने के लिए उन्होंने समझौता किया, क्योंकि इससे देश के बाहर तनाव बढ़ गया था। उन्होंने दलितों और अन्य हाशिए के समुदायों के लिए आरक्षण प्रदान करने की अवधारणा का भी समर्थन किया। उनका कहना था कि अछूत समुदाय के सदस्य भी समाज के अन्य सदस्यों के समान ही होते हैं। डॉ. आंबेडकर को रक्षा सलाहकार समिति और वायसराय की कार्यकारी परिषद् में श्रम

पार्टी को अखिल भारतीय अनुसूचित जाति संघ में बदल दिया गया था, लेकिन भारत की संविधान सभा के लिए 1946 में हुए चुनावों में खराब प्रदर्शन किया। डॉ. आंबेडकर ने अछूत समुदाय को हरिजन कहने के कांग्रेस और महात्मा गांधी के फैसले पर आपत्ति जताई।

मंत्री के रूप में नियुक्त किया गया था। अपने कार्यकाल के दौरान उन्होंने श्रमिक वर्गों के हितों की रक्षा के लिए लगातार आवाज उठाई।

भारतीय संविधान के मुख्य वास्तुकार

स्वतंत्रता के ठीक बाद डॉ. बी.आर. आंबेडकर को संविधान मसौदा समिति के अध्यक्ष के रूप में नियुक्त किया गया। वे एक प्रख्यात विद्वान् और प्रख्यात विधिवेत्ता भी थे। आंबेडकर ने समाज के विभिन्न वर्गों के बीच एक आभासी पुल के निर्माण पर जोर दिया। उनके अनुसार, यदि वर्गों और जातियों के बीच मतभेदों को पूरा नहीं किया गया तो देश की एकता को बनाए रखना मुश्किल होगा। सामान्य रूप से समाज और विशेष रूप से दलित वर्गों के लिए मानवाधिकारों के प्रबल समर्थक के रूप में उन्होंने कहा, "दलितों की समस्या अकेले गरीबी नहीं है, बल्कि बुनियादी मानवाधिकारों की कमी है।"

स्वतंत्रता के ठीक बाद डॉ. बी.आर. आंबेडकर को संविधान मसौदा समिति के अध्यक्ष के रूप में नियुक्त किया गया। वे एक प्रख्यात विद्वान् और प्रख्यात विधिवेत्ता भी थे। आंबेडकर ने समाज के विभिन्न वर्गों के बीच एक आभासी पुल के निर्माण पर जोर दिया।

संविधान प्रस्तुत करते समय उनके मन में भारतीय समाज की द्विगुणित प्रकृति और उसकी राजनीति पर कई आशंकाएँ थीं, उन्होंने कहा, "26 जनवरी, 1950 को, हम अंतर्विरोधों के जीवन में प्रवेश करने जा रहे हैं। राजनीति में हमारे पास समानता होगी और सामाजिक और आर्थिक जीवन में हमारे पास असमानता होगी। राजनीति में हम एक व्यक्ति एक वोट और एक वोट एक मूल्य के सिद्धांत को मान्यता देंगे। अपने सामाजिक और आर्थिक जीवन में, हम अपने सामाजिक और आर्थिक ढाँचे के कारण,

एक व्यक्ति एक मूल्य के सिद्धांत को नकारते रहेंगे। हम कब तक इस अंतर्विरोधों का जीवन जीते रहेंगे? कब तक हम अपने सामाजिक और आर्थिक जीवन में समानता को नकारते रहेंगे? अगर हम इसे लंबे समय तक नकारते रहे, तो हम अपने राजनीतिक लोकतंत्र को खतरे में डालकर ही ऐसा करेंगे। हमें इस अंतर्विरोध को जल्द-से-जल्द दूर करना चाहिए, नहीं तो जो लोग असमानता से पीड़ित हैं, वे लोकतंत्र के उस ढाँचे को उड़ा देंगे, जिसे इस संविधान सभा ने इतनी मेहनत से बनाया है।

स्वतंत्र भारत के पहले कानून मंत्री और संविधान का मसौदा तैयार करने के लिए जिम्मेदार समिति के अध्यक्ष के रूप में उनकी नियुक्ति की। वह जनता के बीच समानता सुनिश्चित करने के लिए अपनी पूरी कोशिश कर रहे थे...

पहले कानून मंत्री

स्वतंत्र भारत के पहले कानून मंत्री और संविधान का मसौदा तैयार करने के लिए जिम्मेदार समिति के अध्यक्ष के रूप में उनकी नियुक्ति की। वह जनता के बीच समानता सुनिश्चित करने के लिए अपनी पूरी कोशिश कर रहे थे और समाज के हाशिए पर रहनेवाले वर्गों और महिलाओं के साथ होनेवाले दुर्व्यवहार के खिलाफ थे, क्योंकि सती, बेसहारापन और अस्पृश्यता जैसी परंपराएँ हिंदू समाज में व्याप्त थीं। उन्होंने संसद् में रूढ़िवादी हिंदुओं और जाति व्यवस्था में सुधार के लिए एक प्रस्ताव तैयार किया और हिंदू कोड बिल के रूप में नामित किया, जिसका उद्देश्य विरासत और विवाह के कानूनों में लैंगिक समानता लाने के लिए था, लेकिन मुख्य रूप से पितृसत्तात्मकता का समर्थन करनेवाले सदस्यों के प्रभुत्व के कारण, विधेयक पारित नहीं हो सका और इसलिए उन्होंने 1951 में विरोध में नेहरू मंत्रिमंडल से इस्तीफा दे दिया।

अग्रणी आर्थिक योजनाकार

आंबेडकर विदेश में अर्थशास्त्र में डॉक्टरेट करनेवाले पहले भारतीय थे। उन्हें असमानता के आधार पर समाज में सामाजिक और आर्थिक अभाव की व्यापक समझ थी, इसलिए उन्होंने जोर देकर कहा कि औद्योगीकरण और कृषि विकास भारतीय अर्थव्यवस्था को बढ़ा सकते हैं। उन्होंने भारत के प्राथमिक उद्योग के रूप में कृषि में निवेश पर जोर दिया। कई विद्वानों के अनुसार, डॉ. आंबेडकर के दृष्टिकोण ने खाद्य सुरक्षा के लक्ष्य को प्राप्त करने के लिए सरकारों का मार्गदर्शन किया और आगे भी करते रहेंगे। आंबेडकर ने बुनियादी सुविधाओं के रूप में शिक्षा, सार्वजनिक स्वच्छता, सामुदायिक स्वास्थ्य, आवासीय सुविधाओं पर जोर देते हुए राष्ट्रीय, आर्थिक और सामाजिक विकास की वकालत की। उनका डी.एस.सी. थीसिस 'रुपए की समस्याएँ, इसकी उत्पत्ति और समाधान (1923)' रुपए के मूल्य में गिरावट के कारणों की जाँच करती है। उन्होंने विनिमय स्थिरता पर मूल्य स्थिरता के महत्त्व को साबित किया। उन्होंने चाँदी और सोने की विनिमय दरों और अर्थव्यवस्था पर उनके प्रभाव का विश्लेषण किया और ब्रिटिश भारत के सार्वजनिक खजाने की विफलता के कारणों का पता लगाया और ब्रिटिश शासन के कारण हुए विकास के नुकसान की गणना की।

आंबेडकर विदेश में अर्थशास्त्र में डॉक्टरेट करनेवाले पहले भारतीय थे। उन्हें असमानता के आधार पर समाज में सामाजिक और आर्थिक अभाव की व्यापक समझ थी, इसलिए उन्होंने जोर देकर कहा कि औद्योगीकरण और कृषि विकास भारतीय अर्थव्यवस्था को बढ़ा सकते हैं। उन्होंने भारत के प्राथमिक उद्योग के रूप में कृषि में निवेश पर जोर दिया।

ऐतिहासिक रूप से 1951 में, डॉ. आंबेडकर ने भारत के वित्त आयोग की स्थापना की। उन्होंने आय और कराधान को युक्तिसंगत बनाने के लिए कम आय वाले समूहों के लिए आयकर का विरोध किया। उन्होंने अर्थव्यवस्था को स्थिर करने के लिए भूमि राजस्व कर और उत्पाद शुल्क नीतियों में योगदान दिया। उन्होंने भूमि सुधार और राज्य के आर्थिक विकास में महत्त्वपूर्ण भूमिका निभाई। उनके अनुसार, जाति व्यवस्था ने श्रम विभाजन के बजाय मजदूरों को विभाजित किया और आर्थिक प्रगति को बाधित किया। वह शायद एकमात्र विद्वान् थे, जिन्होंने अधिशेष श्रम और आदर्श श्रम में अंतर किया था। उन्होंने स्थिर रुपए के साथ एकमुक्त अर्थव्यवस्था पर जोर दिया, जिसे भारत ने हाल ही में अपनाया है। उन्होंने भारतीय अर्थव्यवस्था को विकसित करने के लिए जन्म नियंत्रण की वकालत की और इसे भारत सरकार ने परिवार नियोजन के लिए राष्ट्रीय नीति के रूप में अपनाया। उन्होंने आर्थिक विकास के लिए महिलाओं के समान अधिकारों पर जोर दिया। उन्होंने भारतीय स्वतंत्रता के बाद औद्योगिक संबंधों की नींव रखी।

ऐतिहासिक रूप से 1951 में, डॉ. आंबेडकर ने भारत के वित्त आयोग की स्थापना की। उन्होंने आय और कराधान को युक्तिसंगत बनाने के लिए कम आय वाले समूहों के लिए आयकर का विरोध किया। उन्होंने अर्थव्यवस्था को स्थिर करने के लिए भूमि राजस्व कर और उत्पाद शुल्क नीतियों में योगदान दिया।

डॉ. आंबेडकर के दार्शनिक मार्गदर्शक जॉन डेवी ने एक बार कहा था—"हर समाज तुच्छ चीजों से, अतीत की मृत लकड़ी और सकारात्मक रूप से विकृत चीजों से बोझिल हो जाता है। जैसे-जैसे एक

समाज अधिक प्रबुद्ध होता जाता है, यह महसूस करता है कि यह अपनी संपूर्ण उपलब्धि को संरक्षित और प्रसारित करने के लिए जिम्मेदार नहीं है, बल्कि केवल एक बेहतर समाज का लक्ष्य रखता है।"

लेकिन ऐसा प्रतीत होता है कि वह अपने सुधारवादी दृष्टिकोण से अपने विचार को वास्तविकता में बदलना चाहते थे और जिसके लिए उन्होंने पूरे जीवन संघर्ष किया।

राजनीति में प्रवेश करने से पहले, 1921 तक वे एक पेशेवर अर्थशास्त्री थे। उन्होंने अर्थशास्त्र पर तीन पुस्तकें लिखीं, जो औपनिवेशिक अंग्रेजों की प्रशासनिक और वित्तीय प्रकृति को प्रकट करती हैं और वित्तीय संरचनाओं को विकसित और मजबूत करने के लिए आवश्यक उपायों पर भी जोर देती हैं।

भारतीय रिजर्व बैंक के गठन में योगदान

राजनीति में प्रवेश करने से पहले, 1921 तक वे एक पेशेवर अर्थशास्त्री थे। उन्होंने अर्थशास्त्र पर तीन पुस्तकें लिखीं, जो औपनिवेशिक अंग्रेजों की प्रशासनिक और वित्तीय प्रकृति को प्रकट करती हैं और वित्तीय संरचनाओं को विकसित और मजबूत करने के लिए आवश्यक उपायों पर भी जोर देती हैं। ये पुस्तकें थीं—

- ईस्ट इंडिया कंपनी का प्रशासन और वित्त,
- ब्रिटिश भारत में प्रांतीय वित्त का विकास,
- रुपए की समस्या : इसकी उत्पत्ति और इसका समाधान।

वास्तव में भारतीय रिजर्व बैंक (आर.बी.आई.) का गठन उन विचारों के आधार पर किया गया था, जो डॉ. आंबेडकर ने स्वतंत्रता पूर्व के दौरान हिल्टन यंग कमीशन को प्रस्तुत किए थे।

बौद्ध धर्म को अपनाना

सिख धर्म, इसलाम और ईसाई धर्म में शामिल होने के विकल्प होने के बावजूद उन्होंने बुद्ध और उनके धम्म के स्वदेशी मार्ग को प्राथमिकता दी। 1932 में पूना पैक्ट और अन्य सुधार आंदोलनों के बाद उन्होंने हिंदू सामाजिक व्यवस्था की तंग जैकेट और अछूतों की दुर्दशा पर व्यापक अनुभव ग्रहण किया।

एक बैठक में उन्होंने धर्म की अवधारणा को स्पष्ट किया, "मैं आपको बताता हूँ, धर्म मनुष्य के लिए है, न कि मनुष्य धर्म के लिए।" अगर आप इस दुनिया में संगठित, समेकित और सफल होना चाहते हैं, तो इस धर्म को बदल दें। जो धर्म आपको एक इनसान के रूप में नहीं पहचानता है या आपको पीने के लिए पानी नहीं देता है या आपको मंदिरों में प्रवेश करने की अनुमति नहीं देता है, वह धर्म कहलाने के योग्य नहीं है। जो धर्म आपको शिक्षा ग्रहण करने से रोकता है और आपकी भौतिक उन्नति में बाधक है, वह 'धर्म' पद के योग्य नहीं है। जो धर्म अपने अनुयायियों को अपने सह-धर्मवादियों से निपटने में मानवता दिखाना नहीं सिखाता, वह एक शक्ति के प्रदर्शन के अलावा और क़ुछ नहीं है। जो धर्म अपने अनुयायियों को जानवरों के स्पर्श को सहना सिखाता है, लेकिन इनसानों का स्पर्श नहीं, वह धर्म नहीं, बल्कि मजाक है। जो धर्म अज्ञानी को अज्ञानी और गरीब को गरीब होने के लिए विवश करता है, वह धर्म नहीं, दर्शन है! धर्म का मूल विचार व्यक्ति के आध्यात्मिक विकास के लिए वातावरण तैयार करना है। यह स्थिति होने पर यह स्पष्ट है कि आप

एक बैठक में उन्होंने धर्म की अवधारणा को स्पष्ट किया, "मैं आपको बताता हूँ, धर्म मनुष्य के लिए है, न कि मनुष्य धर्म के लिए।" अगर आप इस दुनिया में संगठित, समेकित और सफल होना चाहते हैं, तो इस धर्म को बदल दें।

अपने व्यक्तित्व को हिंदू धर्म में बिल्कुल भी विकसित नहीं कर सकते।

1935 में महाराष्ट्र के येओला में एक महार सम्मेलन में उन्होंने कहा, "मैं हिंदू के रूप में पैदा हुआ हूँ, जो मेरे हाथ में नहीं था, लेकिन मैं हिंदू के रूप में नहीं मरूँगा।"

1950 में आंबेडकर बौद्ध विद्वानों और भिक्षुओं के एक सम्मेलन में भाग लेने के लिए श्रीलंका गए। अपनी वापसी के बाद उन्होंने बौद्ध धर्म पर एक पुस्तक लिखने का फैसला किया और जल्द ही खुद को बौद्ध धर्म में परिवर्तित कर लिया। अपने भाषणों में आंबेडकर ने हिंदू रीति-रिवाजों और जाति विभाजन की आलोचना की। उन्होंने कहा, "हिंदू धर्म में, विवेक, तर्क और स्वतंत्र सोच में विकास की कोई गुंजाइश नहीं है। समानता का आपका दावा ही उन्हें आहत करता है। वे यथास्थिति बनाए रखना चाहते हैं। यदि आप अपनी नीची स्थिति को बिना किसी हिचकिचाहट के स्वीकार करते रहेंगे, गंदे, पिछड़े, अज्ञानी, गरीब और असंबद्ध बने रहेंगे, तो वे आपको शांति से रहने देंगे। जिस क्षण आप अपने स्तर को ऊपर उठाना शुरू करते हैं, संघर्ष शुरू हो जाता है। अस्पृश्यता क्षणभंगुर या अस्थायी विशेषता नहीं है; यह शाश्वत है। स्पष्ट रूप से यह कहा जा सकता है कि हिंदुओं और अछूतों के बीच का संघर्ष कभी न खत्म होनेवाला संघर्ष है। यह शाश्वत है, क्योंकि जो धर्म आपको समाज में निम्नतम दर्जा प्रदान करता है, वह तथाकथित उच्च जाति के हिंदुओं की मान्यता के अनुसार स्वयं दिव्य और शाश्वत है। समय और

1950 में आंबेडकर बौद्ध विद्वानों और भिक्षुओं के एक सम्मेलन में भाग लेने के लिए श्रीलंका गए। अपनी वापसी के बाद उन्होंने बौद्ध धर्म पर एक पुस्तक लिखने का फैसला किया और जल्द ही खुद को बौद्ध धर्म में परिवर्तित कर लिया।

परिस्थितियों के परिवर्तन से अपेक्षित कोई परिवर्तन संभव नहीं है।"

14 अक्तूबर, 1956 को आंबेडकर ने अपने लगभग पाँच लाख समर्थकों को बौद्ध धर्म में परिवर्तित करने के लिए एक सार्वजनिक समारोह का आयोजन किया। उन्होंने नागपुर में मौजूद अनुयायियों को 22 प्रतिज्ञाएँ दीं और उन्हें अपने जीवन में अभ्यास करने का आग्रह किया, यह स्थान बाद में 'दीक्षा भूमि' के नाम से जाना जाने लगा। आंबेडकर ने चौथे विश्व बौद्ध सम्मेलन में भाग लेने के लिए काठमांडू की यात्रा की। उन्होंने 2 दिसंबर, 1956 को अपनी अंतिम पांडुलिपि 'द बुद्धा या कार्ल मार्क्स' को पूरा किया। उनकी पुस्तक 'द बुद्धा एंड हिज धम्म' उनके मरणोपरांत प्रकाशित हुई।

14 अक्तूबर, 1956 को आंबेडकर ने अपने लगभग पाँच लाख समर्थकों को बौद्ध धर्म में परिवर्तित करने के लिए एक सार्वजनिक समारोह का आयोजन किया। उन्होंने नागपुर में मौजूद अनुयायियों को 22 प्रतिज्ञाएँ दीं और उन्हें अपने जीवन में अभ्यास करने का आग्रह किया, यह स्थान बाद में 'दीक्षा भूमि' के नाम से जाना जाने लगा।

वास्तव में बुद्ध और उनके धम्म की उनकी व्याख्या अन्य ब्राह्मण और प्राच्य विद्वानों की तुलना में गुणात्मक रूप से भिन्न थी। डॉ. आंबेडकर सांस्कृतिक संगठन के रूप में भारतीय बौद्ध महासभा के संस्थापक थे। इस प्रकार वह केवल आलोचनात्मक नहीं थे, बल्कि समस्या को हल करने और क्रांति करने के लिए प्रयोगवादी थे और उनकी इस तरह की उपलब्धि उल्लेखनीय थी और इस प्रकार वे एक पुनरुत्थानवादी के रूप में स्थापित हुए।

निधन

डॉ. आंबेडकर को 1954-55 के दौरान मधुमेह और कमजोर दृष्टि सहित गंभीर स्वास्थ्य समस्याओं का सामना करना पड़ा, लेकिन फिर भी वह अपनी दो महत्त्वपूर्ण पुस्तकों 'बुद्ध या कार्ल मार्क्स' और 'बुद्ध और उनके धम्म' को पूरा करने के इच्छुक थे। 6 दिसंबर, 1956 को दिल्ली के अलीपुर रोड स्थित उनके आवास पर उनका निधन हो गया। चूँकि, डॉ. आंबेडकर ने बौद्ध धर्म को अपने धर्म के रूप में अपनाया था, इसलिए उनके लिए एक बौद्ध-सांस्कृतिक दाह संस्कार का आयोजन किया गया। इस समारोह में उनके हजारों समर्थकों, कार्यकर्ताओं और प्रशंसकों ने जुहू बीच, मुंबई में भाग लिया, जिसे 'चैत्य भूमि' के नाम से जाना जाता है। हर साल 6 दिसंबर को उनके लाखों अनुयायी महान् नेता डॉ. आंबेडकर को श्रद्धांजलि अर्पित करते हैं।

□

2

एक जीवंत विरासत

कुछ लोग सोचते हैं कि समाज के लिए धर्म की कोई आवश्यकता नहीं है, लेकिन मैं इस विचार को नहीं मानता। मानव जीवन के लिए धर्म की स्थापना होनी बेहद जरूरी है।

—भीमराव आंबेडकर

बहुमुखी प्रतिभा के धनी, एक सामाजिक-राजनीतिक सुधारक के रूप में डॉ. आंबेडकर की विरासत का स्वतंत्र और आधुनिक भारत पर गहरा प्रभाव पड़ा। स्वतंत्रता के बाद के भारत में उनके सामाजिक-राजनीतिक विचार का राजनीतिक स्पेक्ट्रम में सम्मान किया जाता है। उनकी पहल ने जीवन के विभिन्न क्षेत्रों को प्रभावित किया है और सामाजिक-आर्थिक और कानूनी प्रोत्साहनों के माध्यम से आज भारत की सामाजिक-आर्थिक नीतियों, शिक्षा और सकारात्मक काररवाई को देखने के तरीके को बदल दिया है। उन्होंने व्यक्तिगत स्वतंत्रता में जोश से विश्वास किया और जाति समाज की आलोचना की। जाति व्यवस्था की नींव के रूप में हिंदू धर्म के उनके आरोपों ने उन्हें हिंदुओं के बीच

विवादास्पद और अलोकप्रिय बना दिया, लेकिन उनकी सभी अवधारणाएँ और दृढ़ विश्वास स्पष्ट और सुविचारित थे। बौद्ध धर्म में उनके रूपांतरण ने भारत और विदेशों में बौद्ध दर्शन में रुचि का पुनरुत्थान किया।

उनके सम्मान में कई सार्वजनिक संस्थानों का नाम रखा गया है, भारतीय संसद् भवन में डॉ. आंबेडकर का एक बड़ा आधिकारिक चित्र प्रदर्शित है। डॉ. आंबेडकर को 2012 में हिस्टरी टी.वी.-18 और सीएनएन आई.बी.एन. द्वारा आयोजित एक सर्वेक्षण द्वारा 'महानतम भारतीय' चुना गया। लगभग 20 मिलियन वोट डाले गए, जिससे वह पहल के शुभारंभ के बाद से सबसे लोकप्रिय भारतीय व्यक्ति बन गए।

उनके सम्मान में कई सार्वजनिक संस्थानों का नाम रखा गया है, भारतीय संसद् भवन में डॉ. आंबेडकर का एक बड़ा आधिकारिक चित्र प्रदर्शित है। डॉ. आंबेडकर को 2012 में हिस्टरी टी.वी.-18 और सीएनएन आई.बी.एन. द्वारा आयोजित एक सर्वेक्षण द्वारा 'महानतम भारतीय' चुना गया।

अर्थशास्त्र में उनकी भूमिका के कारण, एक उल्लेखनीय भारतीय अर्थशास्त्री डॉ. नरेंद्र जाधव ने कहा है कि आंबेडकर "सभी समय के उच्चतम शिक्षित भारतीय अर्थशास्त्री थे।" महान् पुरस्कार विजेता प्रोफेसर अमर्त्य सेन ने कहा कि "आंबेडकर मेरे अर्थशास्त्र के पिता हैं। अर्थशास्त्र के क्षेत्र में उनका योगदान अद्‍भुत है और हमेशा याद किया जाएगा।" एक आध्यात्मिक शिक्षक ओशो ने टिप्पणी की, "मैंने ऐसे लोगों को देखा है, जो हिंदू कानून की सबसे निचली श्रेणी में पैदा हुए हैं—शूद्र, अछूत, इतने बुद्धिमान : जब भारत स्वतंत्र हुआ, भारत का संविधान बनानेवाले डॉ. बाबासाहेब आंबेडकर शूद्र थे, चार वर्णों के पदानुक्रम में अंतिम, लेकिन जहाँ तक कानून का सवाल है, उनकी बुद्धि के बराबर कोई नहीं

था, वह एक विश्वप्रसिद्ध प्राधिकरण थे।"

पूर्व अमरीकी राष्ट्रपति बराक ओबामा ने 2010 में भारतीय संसद् को संबोधित किया और दलित नेता डॉ. बी.आर. आंबेडकर को महान् और सम्मानित मानवाधिकार चैंपियन और भारतीय संविधान के मुख्य लेखक के रूप में संदर्भित किया। आंबेडकर के राजनीतिक दर्शन ने भारत भर में सक्रिय रहनेवाले राजनीतिक दलों, प्रकाशनों और श्रमिक संघों की संख्या, विशेष रूप से महाराष्ट्र में, एक बड़े वर्ग को जन्म दिया है।

बौद्ध धर्म के उनके प्रचार ने भारत में आबादी के विभिन्न वर्गों में बौद्ध दर्शन में रुचि को फिर से जीवंत कर दिया। आंबेडकर के 1956 के नागपुर समारोह का अनुकरण करते हुए आधुनिक समय में मानवाधिकार कार्यकर्ताओं द्वारा सामूहिक धर्मांतरण समारोह आयोजित किए गए।

बौद्ध धर्म के उनके प्रचार ने भारत में आबादी के विभिन्न वर्गों में बौद्ध दर्शन में रुचि को फिर से जीवंत कर दिया। आंबेडकर के 1956 के नागपुर समारोह का अनुकरण करते हुए आधुनिक समय में मानवाधिकार कार्यकर्ताओं द्वारा सामूहिक धर्मांतरण समारोह आयोजित किए गए। कुछ भारतीय बौद्ध उन्हें बोधिसत्व मानते हैं, हालाँकि उन्होंने खुद कभी इसका दावा नहीं किया। भारत के बाहर, 1990 के दशक के अंत के दौरान, कुछ हंगेरियन रोमानी लोगों ने अपनी स्थिति और भारत में दलित लोगों की स्थिति के बीच समानताएँ खींची और आंबेडकर से प्रेरित होकर उन्होंने बौद्ध धर्म में परिवर्तित होना शुरू कर दिया।

उन्होंने जनता को इस भावना से जोर देने की सलाह दी कि "आपको मेरी सलाह के अंतिम शब्द हैं—शिक्षित बनें, आंदोलन करें, संगठित रहें और अपने पर विश्वास रखें। हमारे पक्ष में न्याय के साथ,

मैं यह नहीं देखता कि हम अपनी लड़ाई हार सकते हैं। मेरे लिए लड़ाई खुशी की बात है। लड़ाई पूरी तरह से आध्यात्मिक है। इसमें कुछ भी भौतिक या सामाजिक नहीं है। हमारे लिए यह लड़ाई धन या सत्ता के लिए नहीं है, यह स्वतंत्रता की लड़ाई है, यह मानव व्यक्तित्व के उद्धार की लड़ाई है।"

□

3

सकपाल से आंबेडकर

मैं ऐसे धर्म को मानता हूँ, जो स्वतंत्रता, समानता और भाईचारा सिखाता है।

—भीमराव आंबेडकर

जाने कैसी-कैसी मुसीबतों को अपनी दृढ़ इच्छा के बल पर भीमराव सकपाल ने किनारे लगाया और पढ़ाई करने के लिए वह किसी तरह से स्कूल पहुँचा। मगर उसे क्लास में बैठने ही नहीं दिया गया। काफी जद्दोजहद के बाद जब जगह मिली तो सबसे पीछे मिली। इस दौरान जब उसे प्यास लगती तो उसे पानी का सार्वजनिक घड़ा छूने और पानी पीने से भी रोका जाता। उसके पीने के लिए घड़ा अलग था। यह घड़ा यूँ ही अलग नहीं था, बल्कि उसके जैसे बच्चों को यह घड़ा अहसास कराता था कि वह ऐसी जाति से हैं, जिसे लोग नीच कहकर अपमानित करते थे।

पानी जैसी चीज में होनेवाले फर्क को वह सहन नहीं कर सका। बचपन में ही पहला विद्रोह उसका इसी बात पर फूटा कि बच्चों में ऊँच-नीच का फर्क क्यों? हालाँकि विद्रोह का दुष्परिणाम भी उसे ही भुगतना

पड़ा। उसे हर उस चीज को हासिल करने से रोका गया, जिससे उसे थोड़ी-बहुत भी खुशी मिलती थी। रोकने का सिलसिला पहले से चल रहा था, मगर वह नहीं रुका।

उनके एक ब्राह्मण टीचर महादेव को उनसे खासा लगाव था। उनके कहने पर ही आंबेडकर ने अपने नाम से सकपाल हटाकर आंबेडकर जोड़ लिया, जो उनके गाँव के नाम 'अंबावडे' पर था।

> ***आंबेडकर को जिस बात से भी रोका गया, उसे उन्होंने हासिल करके दिखा दिया। उन्हें पुस्तकें पढ़ने से रोका गया था। सो पुस्तकों से ऐसी दोस्ती की कि भारत के पहले कानून मंत्री बन गए। शोषितों को ऐसा थामा कि आज भी उनके दिलों में जिंदा हैं।***

आंबेडकर को जिस बात से भी रोका गया, उसे उन्होंने हासिल करके दिखा दिया। उन्हें पुस्तकें पढ़ने से रोका गया था। सो पुस्तकों से ऐसी दोस्ती की कि भारत के पहले कानून मंत्री बन गए। शोषितों को ऐसा थामा कि आज भी उनके दिलों में जिंदा हैं। उन्हें भगवान् के मंदिर में जाने से रोका, खुद पीड़ितों के दिलों के भगवान् बन गए। उन्हें विचारों से रोका, वह खुद विचारक हो गए। उन्हें धर्म के विधान से रोका, उन्होंने दुनिया के सबसे बड़े लोकतंत्र का संविधान लिख डाला। ऐसे थे भीमराव आंबेडकर, जिन्होंने बाधाओं को ताकत का स्रोत बना लिया था।

चुनौतियों में अडिग

भीमराव बचपन से ही पढ़ने में तेज, कुशल बुद्धिवाले प्रतिभावान थे, लेकिन पहले के समाज की सोच और छुआछूत होने की वजह से उनको कठिनाइयों का सामना करना पड़ता था। कभी-कभी इस मानसिकता के चलते भीमराव को कक्षा के बाहर पढ़ना पड़ता था, लेकिन प्रतिभावान

होने के साथ उनमें हर चीज की ललक थी, वे कभी चुनौतियों के नहीं हारे और न ही झुके।

भीमराव जब छोटे थे, तब ही इनके पिता की मृत्यु हो गई। पिता की मौत से परिवार में गरीबी छा गई और परिवार के सामने बहुत बड़ी कठिनाई खड़ी हो गईं। आंबेडकर को पढ़ाई का शुरू से शौक था। भीमराव ने वर्ष 1907 में मैट्रिक परीक्षा पास कर ली थी और वर्ष 1906 में भीमराव की रमाबाई से बालविवाह हो गया था। भीमराव इस समय महज 15 वर्ष के ही थे और रमाबाई 9 साल की, लेकिन भीमराव का पढ़ाई के प्रति मोह उतना ही रहा और उन्होंने वर्ष 1912 में बॉम्बे विश्वविद्यालय से राजनीति विज्ञान और अर्थशास्त्र विषय में पढ़ाई करके डिग्री हासिल की।

□

4

दुःस्वप्न यात्रा

मैं राजनीति में सुख भोगने नहीं, बल्कि अपने सभी दबे-कुचले भाइयों को उनके अधिकार दिलाने आया हूँ।

—भीमराव आंबेडकर

भीमराव का परिवार मूल रूप से बाम्बे प्रेसिडेंसी के रत्नागिरि जिले में स्थित डापोली तालुके का निवासी था। फौज से सेवानिवृत्ति के बाद उनके पिता परिवार के साथ डापोली गए, ताकि वहाँ पर फिर से बस जाएँ, लेकिन कुछ वजहों से उनका मन बदल गया। परिवार डापोली से सतारा आ गया, जहाँ वे 1904 तक रहे।

भीमराव ने अपना एक संस्मरण यूँ लिखा है—

"मेरी (भीमराव) याददाश्त के मुताबिक पहली घटना 1901 की है, जब हम सतारा में रहते थे। मेरी माँ की मौत हो चुकी थी। मेरे पिता सतारा जिले में खाटव तालुके के कोरेगाँव में खजांची की नौकरी पर थे, वहाँ बंबई की सरकार अकाल पीड़ित किसानों को रोजगार देने के लिए तालाब खुदवा रही थी। अकाल से हजारों लोगों की मौत हो चुकी थी।

दुःस्वप्न यात्रा

मेरे पिता जब कोरेगाँव गए तो मुझे, मेरे बड़े भाई और मेरी बड़ी बहन के दो बेटों को (बहन की मौत हो चुकी थी) मेरी काकी और कुछ सहृदय पड़ोसियों के जिम्मे छोड़ गए। मेरी काकी काफी भली थीं, लेकिन हमारी खास मदद नहीं कर पाती थीं। वे कुछ नाटी थीं और उनके पैरों में तकलीफ थी, जिससे वे बिना किसी सहारे के चल-फिर नहीं पाती थीं। अकसर उन्हें उठाकर ले जाना पड़ता था। मेरी बहनें भी थीं। उनकी शादी हो चुकी थी और वे अपने परिवार के साथ कुछ दूर पर रहती थीं।

मेरे पिता जब कोरेगाँव गए तो मुझे, मेरे बड़े भाई और मेरी बड़ी बहन के दो बेटों को (बहन की मौत हो चुकी थी) मेरी काकी और कुछ सहृदय पड़ोसियों के जिम्मे छोड़ गए। मेरी काकी काफी भली थीं, लेकिन हमारी खास मदद नहीं कर पाती थीं।

खाना पकाना हमारे लिए एक समस्या थी। खासकर इसलिए कि हमारी काकी शारीरिक असहायता के कारण काम नहीं कर पाती थीं। हम चार बच्चे स्कूल भी जाते थे और खाना भी पकाते थे, लेकिन हम रोटी नहीं बना पाते थे, इसलिए पुलाव से काम चलाते थे। वह बनाना सबसे आसान था, क्योंकि चावल और गोश्त मिलाने से ज्यादा इसमें कुछ नहीं करना पड़ता था।

मेरे पिता खजांची थे, इसलिए हमें देखने के लिए सतारा से आना उनके लिए संभव नहीं हो पाता था। इसलिए उन्होंने चिट्ठी लिखी कि हम गरमियों की छुट्टियों में कारेगाँव आ जाएँ। हम बच्चे यह सोचकर ही काफी उत्तेजित हो गए, क्योंकि तब तक हममें से किसी ने भी रेलगाड़ी नहीं देखी थी।

भारी तैयारी हुई। सफर के लिए अंग्रेजी स्टाइल के नए कुरते, रंग-बिरंगी नक्काशीदार टोपी, नए जूते, नई रेशमी किनारीवाली धोती खरीदी गई। मेरे पिता ने यात्रा का पूरा ब्योरा लिखकर भेजा था और कहा था

कि कब चलोगे, यह लिख भेजना, ताकि वे रेलवे स्टेशन पर अपने चपरासी को भेज दें, जो हमें कोरेगाँव तक ले जाएगा। इसी इंतजाम के साथ मैं, मेरा भाई और मेरी बहन का बेटा सतारा के लिए चल पड़े। काकी को पड़ोसियों के सहारे छोड़ आए, जिन्होंने उनकी देखभाल का वादा किया था।

हम स्टेशन पहुँचे तो मेरा भाई टिकट ले आया और उसने मुझे व बहन के बेटे को रास्ते में खर्च करने के लिए दो-दो आने दिए। हम फौरन शाहखर्च हो गए और पहले नीबू-पानी की बोतल खरीदी। कुछ देर बाद गाड़ी ने सीटी बजाई तो हम जल्दी-जल्दी चढ़ गए, ताकि कहीं छूट न जाए।

रेलवे स्टेशन हमारे घर से दस मील दूर था, इसलिए स्टेशन तक जाने के लिए ताँगा किया गया। हम नए कपड़े पहनकर खुशी में झूमते हुए घर से निकले, लेकिन काकी हमारी विदाई पर अपना दु:ख रोक नहीं सकीं और जोर-जोर से रोने लगीं।

हम स्टेशन पहुँचे तो मेरा भाई टिकट ले आया और उसने मुझे व बहन के बेटे को रास्ते में खर्च करने के लिए दो-दो आने दिए। हम फौरन शाहखर्च हो गए और पहले नीबू-पानी की बोतल खरीदी। कुछ देर बाद गाड़ी ने सीटी बजाई तो हम जल्दी-जल्दी चढ़ गए, ताकि कहीं छूट न जाए। हमें कहा गया था कि मसूर में उतरना है, जो कोरेगाँव का सबसे नजदीकी स्टेशन है।

ट्रेन शाम को पाँच बजे मसूर में पहुँची और हम अपने सामान के साथ उतर गए। कुछ ही मिनटों में ट्रेन से उतरे सभी लोग अपने ठिकाने की ओर चले गए। हम चार बच्चे प्लेटफॉर्म पर बच गए। हम अपने पिता या उनके चपरासी का इंतजार कर रहे थे। काफी देर बाद भी कोई नहीं आया। घंटा भर बीतने लगा तो स्टेशन मास्टर हमारे पास आया। उसने

हमारा टिकट देखा और पूछा कि तुम लोग क्यों रुके हो? हमने उन्हें बताया कि हमें कोरेगाँव जाना है और हम अपने पिता या उनके चपरासी का इंतजार कर रहे हैं। हम नहीं जानते कि कोरेगाँव कैसे पहुँचेंगे। हमने कपड़े-लत्ते अच्छे पहने हुए थे और हमारी बातचीत से भी कोई नहीं पकड़ सकता था कि हम अछूतों के बच्चे हैं। इसलिए स्टेशन मास्टर को यकीन हो गया था कि हम ब्राह्मणों के बच्चे हैं। वे हमारी परेशानी से काफी दुःखी हुए।

लेकिन हिंदुओं में जैसा आमतौर पर होता है, स्टेशन मास्टर पूछ बैठा कि हम कौन हैं? मैंने बिना कुछ सोचे-समझे तपाक से कह दिया कि हम महार हैं (बंबई प्रसिडेंसी में महार अछूत माने जाते हैं)। वह दंग रह गया। अचानक उसके चेहरे के भाव बदलने लगे। हम उसके चेहरे पर वितृष्णा का भाव साफ-साफ देख सकते थे। वह फौरन अपने कमरे की ओर चला गया और हम वहीं पर खड़े रहे। बीस-पच्चीस मिनट बीत गए, सूरज डूबने ही वाला था। हम हैरान-परेशान थे। यात्रा की शुरुआत वाली हमारी खुशी काफूर हो चुकी थी। हम उदास हो गए। करीब आधे घंटे बाद स्टेशन मास्टर लौटा और उसने हमसे पूछा कि तुम लोग क्या करना चाहते हो? हमने कहा कि अगर कोई बैलगाड़ी किराए पर मिल जाए तो हम कोरेगाँव चले जाएँगे और अगर बहुत दूर न हो तो पैदल भी जा सकते हैं। वहाँ किराए पर जाने के लिए कई बैलगाड़ियाँ थीं, लेकिन स्टेशन मास्टर से मेरा महार कहना गाड़ीवानों को सुनाई पड़ गया था और कोई भी अछूत को ले जाकर

लेकिन हिंदुओं में जैसा आमतौर पर होता है, स्टेशन मास्टर पूछ बैठा कि हम कौन हैं? मैंने बिना कुछ सोचे-समझे तपाक से कह दिया कि हम महार हैं (बंबई प्रसिडेंसी में महार अछूत माने जाते हैं)। वह दंग रह गया। अचानक उसके चेहरे के भाव बदलने लगे।

अपवित्र होने को तैयार नहीं था। हम दोगुना किराया देने को तैयार थे, लेकिन पैसों का लालच भी काम नहीं कर रहा था।

हमारी ओर से बात कर रहे स्टेशन मास्टर को समझ में नहीं आ रहा था कि क्या करें? अचानक उसके दिमाग में कोई बात आई और उसने हमसे पूछा, "क्या तुम लोग गाड़ी हाँक सकते हो?" हम फौरन बोल पड़े, "हाँ, हम हाँक सकते हैं।" यह सुनकर वह गाड़ीवानों के पास गया और उनसे कहा कि तुम्हें दोगुना किराया मिलेगा और गाड़ी वे खुद चलाएँगे। गाड़ीवान खुद गाड़ी के साथ पैदल चलता रहे। एक गाड़ीवान राजी हो गया। उसे दोगुना किराया मिल रहा था और वह अपवित्र होने से भी बचा रहेगा।

हमारी ओर से बात कर रहे स्टेशन मास्टर को समझ में नहीं आ रहा था कि क्या करें? अचानक उसके दिमाग में कोई बात आई और उसने हमसे पूछा, "क्या तुम लोग गाड़ी हाँक सकते हो?" हम फौरन बोल पड़े, "हाँ, हम हाँक सकते हैं।"

शाम करीब 6.30 बजे हम चलने को तैयार हुए, लेकिन हमारी चिंता यह थी कि यह आश्वस्त होने के बाद ही स्टेशन छोड़ा जाए कि हम अँधेरे के पहले कोरेगाँव पहुँच जाएँगे। हमने गाड़ीवान से पूछा कि कोरेगाँव कितनी दूर है और कितनी देर में पहुँच जाएँगे? उसने बताया कि तीन घंटे से ज्यादा नहीं लगेगा। उसकी बात पर यकीन करके हमने अपना सामान गाड़ी में रखा और स्टेशन मास्टर को शुक्रिया कहकर गाड़ी में चढ़ गए। हममें से एक ने गाड़ी सँभाली और हम चल पड़े। गाड़ीवान बगल में पैदल चल रहा था।

स्टेशन से कुछ दूरी पर एक नदी थी। बिल्कुल सूखी हुई, उसमें कहीं-कहीं पानी के छोटे-छोटे गड्ढे थे। गाड़ीवान ने कहा कि हमें यहाँ रुककर खाना खा लेना चाहिए, वरना रास्ते में कहीं पानी नहीं मिलेगा।

हम राजी हो गए। उसने किराए का एक हिस्सा माँगा, ताकि बगल के गाँव में जाकर खाना खा आए। मेरे भाई ने उसे कुछ पैसे दिए और वह जल्दी आने का वादा करके चला गया। हमें भूख लगी थी। काकी ने पड़ोसी औरतों से हमारे लिए रास्ते के लिए कुछ अच्छा भोजन बनवा दिया था। हमने टिफिन बॉक्स खोला और खाने लगे।

अब हमें पानी चाहिए था। हममें से एक नदीवाले पानी के गड्ढे की ओर गया, लेकिन उसमें से तो गाय-बैल के गोबर और पेशाब की बदबू आ रही थी। पानी के बिना हमने आधे पेट खाकर ही टिफिन बंद कर दिया और गाड़ीवान का इंतजार करने लगे। काफी देर तक वह नहीं आया। हम चारों ओर उसे देख रहे थे।

आखिरकार वह आया और हम आगे बढ़े। चार-पाँच मील हम चले होंगे कि अचानक गाड़ीवान कूदकर गाड़ी पर बैठ गया और गाड़ी हाँकने लगा। हम चकित थे कि यह वही आदमी है जो अपवित्र होने के डर से गाड़ी में नहीं बैठ रहा था, लेकिन उससे कुछ पूछने की हिम्मत हम नहीं कर पाए। हम बस जल्दी-से-जल्दी कारेगाँव पहुँचना चाहते थे।

अब हमें पानी चाहिए था। हममें से एक नदीवाले पानी के गड्ढे की ओर गया, लेकिन उसमें से तो गाय-बैल के गोबर और पेशाब की बदबू आ रही थी। पानी के बिना हमने आधे पेट खाकर ही टिफिन बंद कर दिया और गाड़ीवान का इंतजार करने लगे। काफी देर तक वह नहीं आया। हम चारों ओर उसे देख रहे थे।

लेकिन जल्दी ही अँधेरा छा गया। रास्ता नहीं दिख रहा था। कोई आदमी या पशु भी नजर नहीं आ रहा था। हम डर गए। तीन घंटे से ज्यादा हो गए थे, लेकिन कोरेगाँव का कहीं नामोनिशान तक नहीं था।

तभी हमारे मन में यह डर पैदा हुआ कि कहीं यह गाड़ीवान हमें ऐसी जगह तो नहीं ले जा रहा है कि हमें मारकर हमारा सामान लूट ले। हमारे पास सोने के गहने भी थे। हम उससे पूछने लगे कि कोरेगाँव और कितनी दूर है? वह कहता जा रहा था, "ज्यादा दूर नहीं है, जल्दी ही पहुँच जाएँगे।" रात के दस बज चुके थे। हम डर के मारे सुबकने लगे और गाड़ीवान को कोसने लगे। उसने कोई जवाब नहीं दिया।

अचानक हमें कुछ दूर पर एक बत्ती जलती दिखाई दी। गाड़ीवान ने कहा, "वह देखो, चुंगीवाले की बत्ती है। रात में हम वहीं रुकेंगे। हमें कुछ राहत महसूस हुई। आखिर दो घंटे में हम चुंगीवाले की झोंपड़ी तक पहुँचे।

यह एक पहाड़ी की तलहटी में उसके दूसरी ओर स्थित थी। वहाँ पहुँचकर हमने पाया कि बड़ी संख्या में बैलगाड़ियाँ वहाँ रात गुजार रही हैं। हम भूखे थे और खाना खाना चाहते थे, लेकिन पानी नहीं था। हमने गाड़ीवान से पूछा कि कहीं पानी मिल जाएगा? उसने हमें चेताया कि चुंगीवाला हिंदू है और अगर हमने सच बोल दिया कि हम महार हैं तो पानी नहीं मिल पाएगा। उसने कहा, "कहो कि तुम मुसलमान हो और अपनी तकदीर आजमा लो।"

यह एक पहाड़ी की तलहटी में उसके दूसरी ओर स्थित थी। वहाँ पहुँचकर हमने पाया कि बड़ी संख्या में बैलगाड़ियाँ वहाँ रात गुजार रही हैं। हम भूखे थे और खाना खाना चाहते थे, लेकिन पानी नहीं था। हमने गाड़ीवान से पूछा कि कहीं पानी मिल जाएगा?

उसकी सलाह पर मैं चुंगीवाले की झोपड़ी में गया और पूछा कि थोड़ा पानी मिल जाएगा। उसने पूछा, "कौन हो?" मैंने कहा कि हम मुसलमान हैं। मैंने उससे उर्दू में बात की जो मुझे अच्छी आती थी, लेकिन

यह चालाकी काम नहीं आई। उसने रुखाई से कहा, "तुम्हारे लिए यहाँ पानी किसने रखा है ? पहाड़ी पर पानी है, जाओ वहाँ से ले आओ।" मैं अपना-सा मुँह लेकर गाड़ी के पास लौट आया। मेरे भाई ने सुना तो कहा कि चलो, सो जाओ।

बैल खोल दिए गए और गाड़ी जमीन पर रख दी गई। हमने गाड़ी के निचले हिस्से में बिस्तर डाला और जैसे-तैसे लेट गए। मेरे दिमाग में चल रहा था कि हमारे पास भोजन काफी है, भूख के मारे हमारे पेट में चूहे दौड़ रहे हैं, लेकिन पानी के बिना हमें भूखे सोना पड़ रहा है और पानी इसलिए नहीं मिल सका, क्योंकि हम अछूत हैं। मैं यही सोच रहा था कि मेरे भाई के मन में एक आशंका उभर आई। उसने कहा कि हमें एक साथ नहीं सोना चाहिए, कुछ भी हो सकता है, इसलिए एक बार में दो लोग सोएँगे और दो लोग जागेंगे। इस तरह पहाड़ी के नीचे हमारी रात कटी।

बैल खोल दिए गए और गाड़ी जमीन पर रख दी गई। हमने गाड़ी के निचले हिस्से में बिस्तर डाला और जैसे-तैसे लेट गए। मेरे दिमाग में चल रहा था कि हमारे पास भोजन काफी है, भूख के मारे हमारे पेट में चूहे दौड़ रहे हैं, लेकिन पानी के बिना हमें भूखे सोना पड़ रहा है और पानी इसलिए नहीं मिल सका, क्योंकि हम अछूत हैं।

तड़के पाँच बजे गाड़ीवान आया और कहने लगा कि हमें कारेगाँव के लिए चल देना चाहिए। हमने मना कर दिया और उससे आठ बजे चलने को कहा। हम कोई जोखिम नहीं उठाना चाहते थे। वह कुछ नहीं बोला। आखिर हम आठ बजे चले और 11 बजे कोरेगाँव पहुँचे। मेरे पिता हम लोगों को देखकर हैरान थे। उन्होंने बताया कि उन्हें हमारे आने की कोई सूचना नहीं मिली थी। हमने कहा कि हमने चिट्ठी भेजी थी। बाद में पता

चला कि मेरे पिता के नौकर को चिट्ठी मिली थी, लेकिन वह उन्हें देना भूल गया।

इस घटना की मेरे जीवन में काफी अहमियत है। मैं तब नौ साल का था। इस घटना की मेरे दिमाग पर अमिट छाप पड़ी। इसके पहले भी मैं जानता था कि मैं अछूत हूँ और अछूतों को कुछ अपमान और भेदभाव सहना पड़ता है। मसलन, स्कूल में मैं अपनी बराबरी के साथियों के साथ नहीं बैठ सकता था। मुझे एक कोने में अकेले बैठना पड़ता था। मैं यह भी जानता था कि मैं अपने बैठने के लिए एक बोरा रखता था और स्कूल की सफाई करनेवाला नौकर वह बोरा नहीं छूता था, क्योंकि मैं अछूत हूँ। मैं बोरा रोज घर लेकर जाता और अगले दिन लाता था।

स्कूल में मैं यह भी जानता था कि ऊँची जाति के लड़कों को जब प्यास लगती तो वे मास्टर से पूछकर नल पर जाते और अपनी प्यास बुझा लेते थे। पर मेरी बात अलग थी। मैं नल को छू नहीं सकता था। इसलिए मास्टर की इजाजत के बाद चपरासी का होना जरूरी था। अगर चपरासी नहीं है तो मुझे प्यासा ही रहना पड़ता था।

स्कूल में मैं यह भी जानता था कि ऊँची जाति के लड़कों को जब प्यास लगती तो वे मास्टर से पूछकर नल पर जाते और अपनी प्यास बुझा लेते थे। पर मेरी बात अलग थी। मैं नल को छू नहीं सकता था। इसलिए मास्टर की इजाजत के बाद चपरासी का होना जरूरी था। अगर चपरासी नहीं है तो मुझे प्यासा ही रहना पड़ता था।

घर में भी कपड़े मेरी बहन धोती थी। सतारा में धोबी नहीं थे, ऐसा नहीं था। हमारे पास धोबी को देने के लिए पैसे नहीं हों, ऐसी बात भी नहीं थी। हमारी बहन को कपड़े इसलिए धोने पड़ते थे, क्योंकि हम अछूतों का

कपड़ा कोई धोबी धोता नहीं था। हमारे बाल भी मेरी बड़ी बहन काटती थी, क्योंकि कोई नाई हम अछूतों के बाल नहीं काटता था।

"मैं यह सब जानता था, लेकिन उस घटना से मुझे ऐसा झटका लगा, जो मैंने पहले कभी महसूस नहीं किया था। उसी से मैं छुआछूत के बारे में सोचने लगा। उस घटना के पहले तक मेरे लिए सबकुछ सामान्य सा था, जैसा कि सवर्ण हिंदुओं और अछूतों के साथ आमतौर पर होता है।"

□

5

रहने की जगह नहीं मिली

मनुष्य एवं उसके धर्म को समाज के द्वारा नैतिकता के आधार पर चयन करना चाहिए। अगर धर्म को ही मनुष्य के लिए सबकुछ मान लिया जाएगा, तो किन्हीं और मानकों का कोई मूल्य ही नहीं रह जाएगा।

—भीमराव आंबेडकर

पश्चिम से भीमराव 1916 में भारत लौटे। महाराजा बड़ौदा की बदौलत वह अमेरिका उच्च शिक्षा प्राप्त करने गए। उन्होंने कोलंबिया विश्वविद्यालय न्यूयॉर्क में 1913 से 1917 तक पढ़ाई की। 1917 में लंदन गए। लंदन विश्वविद्यालय के स्कूल ऑफ इकोनॉमिक्स में परास्नातक में दाखिला लिया। 1918 में उन्हें अपनी अधूरी पढ़ाई छोड़कर भारत आना पड़ा। चूँकि उनकी पढ़ाई का खर्चा बड़ौदा स्टेट ने उठाया था, इसलिए उसकी सेवा करने के लिए वह मजबूर थे। इसीलिए वह वापस आने के बाद सीधे बड़ौदा स्टेट गए।

यूरोप और अमेरिका में पाँच साल के प्रवास ने उनके भीतर से यह

भाव मिटा दिया कि वह अछूत हैं और यह कि भारत में अछूत कहीं भी जाता है तो वो खुद अपने और दूसरों के लिए समस्या होता है। जब वह स्टेशन से बाहर आए तो उनके दिमाग में अब एक ही सवाल हावी था कि कहाँ जाएँ, उन्हें कौन रखेगा? वह बहुत गहराई तक परेशान थे। हिंदू होटल, जिन्हें विशिष्ट कहा जाता था, को वह पहले से ही जानते थे। वे उन्हें नहीं रखेंगे। वहाँ रहने का एकमात्र तरीका था कि वह झूठ बोलें, लेकिन वह इसके लिए तैयार नहीं थे, क्योंकि वह अच्छे से जानते थे कि अगर उनका झूठ पकड़ा गया तो उसके क्या परिणाम होंगे। वो पहले से नियत थे। उनके कुछ मित्र बड़ौदा के थे, जो अमेरिका पढ़ाई करने गए थे। अगर वह उनके यहाँ गए तो क्या वो उनका स्वागत करेंगे?

वह खुद को आश्वस्त नहीं कर सके। हो सकता है कि एक अछूत को अपने घर में बुलाने पर वे शर्मिंदा महसूस करें। वह थोड़ी देर तक इसी पसोपेश में स्टेशन पर खड़े रहे, फिर सूझा कि पता करें कि कैंप में कोई जगह है। तब तक सारे यात्री जा चुके थे। वह अकेले बच गए थे।

वह खुद को आश्वस्त नहीं कर सके। हो सकता है कि एक अछूत को अपने घर में बुलाने पर वे शर्मिंदा महसूस करें। वह थोड़ी देर तक इसी पसोपेश में स्टेशन पर खड़े रहे, फिर सूझा कि पता करें कि कैंप में कोई जगह है। तब तक सारे यात्री जा चुके थे। वह अकेले बच गए थे। कुछ-एक गाड़ीवाले, जिन्हें अब तलक कोई सवारी नहीं मिली थी, वे उन्हें देख रहे थे और उनका इंतजार कर रहे थे। उन्होंने उनमें से एक को बुलाया और पता किया कि क्या कैंप के पास कोई होटल है। उसने बताया कि एक पारसी सराय है और वो पैसा लेकर ठहरने देते हैं। पारसी लोगों द्वारा ठहरने की व्यवस्था होने की बात सुनकर उनका मन खुश हो गया। पारसी जोरास्ट्रियन धर्म को माननेवाले

लोग होते हैं। उनके धर्म में छुआछूत के लिए कोई जगह नहीं है, इसलिए उनके द्वारा अछूत होने का भेदभाव होने का कोई डर नहीं था। उन्होंने गाड़ी में अपना बैग रख दिया और गाड़ीवान से पारसी सराय में ले चलने के लिए कह दिया।

यह एक दोमंजिला सराय थी। नीचे एक बुजुर्ग पारसी और उनका परिवार रहता था। वो ही इसकी देखरेख करते थे और जो लोग रुकने आते थे, उनके खानपान की व्यवस्था करते थे। गाड़ी पहुँची। पारसी केयरटेकर ने उन्हें ऊपर ले जाकर कमरा दिखाया। वह ऊपर गए। इस बीच गाड़ीवान ने उनका सामान लाकर रख दिया। उन्होंने उसको पैसे देकर विदा कर दिया। वह प्रसन्न थे कि उनके ठहरने की समस्या का समाधान हो गया। वह कपड़े खोल रहे थे। थोड़ा सा आराम करना चाहते थे। इसी बीच केयरटेकर एक पुस्तक लेकर ऊपर आया। उसने जब उन्हें देखा कि उन्होंने सदरी और धोती, जोकि खास पारसी लोगों के कपड़े पहनने का तरीका है, नहीं पहना है तो उसने तीखी आवाज में उनसे उनकी पहचान पूछी।

यह एक दोमंजिला सराय थी। नीचे एक बुजुर्ग पारसी और उनका परिवार रहता था। वो ही इसकी देखरेख करते थे और जो लोग रुकने आते थे, उनके खानपान की व्यवस्था करते थे। गाड़ी पहुँची। पारसी केयरटेकर ने उन्हें ऊपर ले जाकर कमरा दिखाया।

उन्हें मालूम नहीं था कि यह पारसी सराय सिर्फ पारसी समुदाय के लोगों के लिए थी। उन्होंने बता दिया कि वह हिंदू हैं। वो अचंभित था और उसने सीधे कह दिया कि वह वहाँ नहीं ठहर सकते। वह सकते में आ गए और पूरी तरह शांत रहे, फिर वही सवाल उनकी ओर लौट आया कि कहाँ जाएँ? उन्होंने खुद को सँभालते हुए कहा कि वह भले ही हिंदू हैं, लेकिन अगर उन्हें कोई परेशानी नहीं है

तो उन्हें यहाँ ठहरने में कोई दिक्कत नहीं है। उसने जवाब दिया कि “तुम यहाँ कैसे ठहर सकते हो, मुझे सराय में ठहरनेवालों का ब्योरा रजिस्टर में दर्ज करना पड़ता है।” उन्हें उसकी परेशानी समझ में आ रही थी। उन्होंने कहा कि वह रजिस्टर में दर्ज करने के लिए कोई पारसी नाम रख सकते हैं। “तुम्हें इसमें क्या दिक्कत है, अगर मुझे नहीं है तो। तुम्हें कुछ नहीं खोना पड़ेगा, बल्कि तुम तो कुछ पैसे ही कमाओगे।”

भीमराव समझ रहे थे कि वो पिघल रहा है। वैसे भी उसके पास बहुत समय से कोई यात्री नहीं आया था और वो थोड़ा कमाई का मौका नहीं छोड़ना चाहता था। वो इस शर्त पर तैयार हो गया कि वह उसको डेढ़ रुपए ठहरने और खाने का देंगे और रजिस्टर में पारसी नाम लिखवाएँगे।

भीमराव समझ रहे थे कि वो पिघल रहा है। वैसे भी उसके पास बहुत समय से कोई यात्री नहीं आया था और वो थोड़ा कमाई का मौका नहीं छोड़ना चाहता था। वो इस शर्त पर तैयार हो गया कि वह उसको डेढ़ रुपए ठहरने और खाने का देंगे और रजिस्टर में पारसी नाम लिखवाएँगे। वो नीचे गया और उन्होंने राहत की साँस ली। समस्या का हल हो गया था। वह बहुत खुश थे, लेकिन आह, तब तक वह यह नहीं जानते थे कि उनकी यह खुशी कितनी क्षणिक है, लेकिन इससे पहले कि हम इस सरायवाले किस्से का दुःखद अंत बताएँ, उससे पहले यह बताते हैं कि इस छोटे से अंतराल के दौरान वह वहाँ कैसे रहे।

इस सराय की पहली मंजिल पर एक छोटा कमरा और उसी से जुड़ा हुआ स्नानघर था, जिसमें नल लगा था। उसके अलावा एक बड़ा हॉल था। जब तक वह वहाँ रहे, बड़ा हॉल हमेशा टूटी कुरसियों और बेंच जैसे कबाड़ से भरा रहा। इसी सबके बीच वह अकेले यहाँ रहे।

केयरटेकर सुबह एक कप चाय लेकर आता था, फिर वो दोबारा 9.30 बजे उनका नाश्ता या सुबह का कुछ खाने के लिए लेकर आता था और तीसरी बार वो 8.30 बजे रात का खाना लेकर आता था। केयरटेकर तभी आता था, जब बहुत जरूरी हो जाता था और इनमें से किसी भी मौके पर वो उनसे बात करने से बचता था। खैर, किसी तरह से ये दिन बीते।

> *महाराजा बड़ौदा की ओर से महालेखागार ऑफिस में उनकी प्रशिक्षु की नियुक्ति हो गई। वह ऑफिस जाने के लिए सराय को दस बजे छोड़ देते थे और रात को तकरीबन आठ बजे लौटते थे और जितना हो सके, कंपनी के दोस्तों के साथ समय व्यतीत करते थे।*

महाराजा बड़ौदा की ओर से महालेखागार ऑफिस में उनकी प्रशिक्षु की नियुक्ति हो गई। वह ऑफिस जाने के लिए सराय को दस बजे छोड़ देते थे और रात को तकरीबन आठ बजे लौटते थे और जितना हो सके, कंपनी के दोस्तों के साथ समय व्यतीत करते थे। सराय में वापस लौटकर रात बिताने का विचार ही उन्हें डराने लगता था। वह वहाँ सिर्फ इसलिए लौटते थे, क्योंकि इस आकाश तले उन्हें कोई और ठौर नहीं था। ऊपरवाली मंजिल के बड़े कमरे में कोई भी दूसरा इनसान नहीं था, जिससे वह कुछ बात कर पाते। वह बिल्कुल अकेले थे। पूरा हॉल घुप्प अँधेरे में रहता था। वहाँ कोई बिजली का बल्ब, यहाँ तक कि तेल की बत्ती तक नहीं थी, जिससे अँधेरा थोड़ा अधिक लगता। केयरटेकर उनके इस्तेमाल के लिए एक छोटा सा दीया लेकर आता था, जिसकी रोशनी बमुश्किल कुछ इंच तक ही जाती थी।

उन्हें लगता था कि उन्हें सजा मिली है। वह किसी इनसान से बात करने के लिए तड़पते थे, लेकिन वहाँ कोई नहीं था। आदमी न होने की वजह से उन्होंने पुस्तकों का साथ लिया और उन्हें पढ़ते गए, पढ़ते गए।

वह पढ़ने में इतने डूब गए कि अपनी तनहाई भूल गए, लेकिन उड़ते चमगादड़, जिनके लिए वह हॉल उनका घर था कि चें-चें की आवाजें अकसर ही उनके दिमाग को उधर खींच देती थी। उनके भीतर तक सिहरन दौड़ जाती थी और जो बात वह भूलने की कोशिश कर रहे थे, वो उन्हें फिर से याद आ जाती थी कि वह एक अजनबी परिस्थिति में एक अजनबी जगह पर हैं।

कई बार वह बहुत गुस्से में भर जाते थे। फिर वह अपने दुःख और गुस्से को इस भाव से समझाते थे कि भले ही यह जेल थी, लेकिन यह एक ठिकाना तो है। कोई जगह न होने से अच्छा है, कोई जगह होना। उनकी हालत इस कदर खराब थी कि जब उनकी बहन का बेटा बंबई से उनका बचा हुआ सामान लेकर आया और उसने मेरी हालत देखी तो वह इतनी जोर-जोर से रोने लगा कि उन्हें तुरंत उसे वापस भेजना पड़ा। इस हालत में वह पारसी सराय में एक पारसी बनकर रहे।

वे जानते थे कि वह यह नाटक ज्यादा दिन नहीं कर सकते और उन्हें किसी दिन पहचान लिया जाएगा। इसलिए वह सरकारी बँगला पाने की कोशिश कर रहे थे, लेकिन प्रधानमंत्री ने उनकी याचिका पर उस गहराई से ध्यान नहीं दिया, जैसी उनको जरूरत थी।

वे जानते थे कि वह यह नाटक ज्यादा दिन नहीं कर सकते और उन्हें किसी दिन पहचान लिया जाएगा। इसलिए वह सरकारी बँगला पाने की कोशिश कर रहे थे, लेकिन प्रधानमंत्री ने उनकी याचिका पर उस गहराई से ध्यान नहीं दिया, जैसी उनको जरूरत थी। उनकी याचिका एक अफसर से दूसरे अफसर तक जाती रही। इससे पहले कि उन्हें निश्चित उत्तर मिलता, उनके लिए वह भयावह दिन आ गया।

वो उस सराय में 11वाँ दिन था। उन्होंने सुबह का नाश्ता कर लिया था और तैयार हो गए थे और कमरे से ऑफिस के लिए निकलने ही वाले थे। दरअसल रात भर के लिए जो पुस्तकें उन्होंने पुस्तकालय से उधार ली थीं, उनको उठा रहे थे कि तभी उन्होंने सीढ़ी पर कई लोगों के आने की आवाजें सुनीं। उन्हें लगा कि यात्री ठहरने के लिए आए हैं और वह उन यात्रियों को देखने के लिए उठे। तभी उन्होंने दर्जनों गुस्से में भरे लंबे, मजबूत पारसी लोगों को देखा। सबके हाथों में डंडे थे। वो उनके कमरे की ओर आ रहे थे। उन्होंने समझ लिया कि ये यात्री नहीं हैं और इसका सबूत उन्होंने तुरंत दे भी दिया।

वो उस सराय में 11वाँ दिन था। उन्होंने सुबह का नाश्ता कर लिया था और तैयार हो गए थे और कमरे से ऑफिस के लिए निकलने ही वाले थे। दरअसल रात भर के लिए जो पुस्तकें उन्होंने पुस्तकालय से उधार ली थीं, उनको उठा रहे थे कि तभी उन्होंने सीढ़ी पर कई लोगों के आने की आवाजें सुनीं।

वे सभी लोग उनके कमरे में इकट्ठे हो गए और उन्होंने उनके ऊपर सवालों की बौछार कर दी। "कौन हो तुम? तुम यहाँ क्यों आए हो? बदमाश आदमी, तुमने पारसी सराय को गंदा कर दिया।"

वह खामोश खड़े रहे। कोई उत्तर नहीं दे सके। वह इस झूठ को ठीक नहीं कह सके। यह वास्तव में एक धोखा था और यह धोखा पकड़ा गया। वह यह जानते थे कि अगर वह इस खेल को इस कट्टर पारसी भीड़ के आगे जारी रखते तो ये उनकी जान लेकर छोड़ते। उनकी चुप्पी और खामोशी ने उन्हें इस अंजाम तक पहुँचने से बचा लिया। एक ने उनसे कमरा कब खाली करेंगे पूछा।

उस समय सराय के बदले उनकी जिंदगी दाँव पर लगी थी। इस

सवाल के साथ गंभीर धमकी छिपी थी। खैर, उन्होंने अपनी चुप्पी ये सोचते हुए तोड़ी कि एक हफ्ते में मंत्री उनके बँगले की दरख्वास्त मंजूर कर लेगा और उनसे विनती की कि उन्हें एक हफ्ता और रहने दो, लेकिन पारसी कुछ भी सुनने के लिए तैयार नहीं थे। उन्होंने अंतिम चेतावनी दी कि वह उन्हें शाम तक सराय में नजर न आएँ। उन्हें निकलना ही होगा। उन्होंने गंभीर परिणाम भुगतने के लिए तैयार रहने को कहा और चले गए। उन्हें कुछ नहीं सूझ रहा था। दिल बैठ गया था। वह बड़बड़ाते रहे और फूट–फूट के रोए। अंततः वह अपनी कीमती जगह, जी हाँ, उनके रहने के ठिकाने से वंचित हो गए। वो जेलखाने से ज्यादा अच्छा नहीं था, लेकिन फिर भी वो उनके लिए कीमती था।

पारसियों के जाने के बाद वह बैठकर किसी और रास्ते के बारे में सोचने लगे। उन्हें उम्मीद थी कि जल्दी ही उन्हें सरकारी बँगला मिल जाएगा और उनकी मुश्किलें दूर हो जाएँगी। उनकी समस्याएँ तात्कालिक थीं और दोस्तों के पास इसका कोई उपाय मिल सकता था।

पारसियों के जाने के बाद वह बैठकर किसी और रास्ते के बारे में सोचने लगे। उन्हें उम्मीद थी कि जल्दी ही उन्हें सरकारी बँगला मिल जाएगा और उनकी मुश्किलें दूर हो जाएँगी। उनकी समस्याएँ तात्कालिक थीं और दोस्तों के पास इसका कोई उपाय मिल सकता था। बड़ौदा में उनका कोई अछूत मित्र नहीं था, लेकिन दूसरी जाति के मित्र थे। एक हिंदू था, दूसरा क्रिश्चियन था। पहले वह अपने हिंदू मित्र के यहाँ गए और बताया कि उनके ऊपर क्या मुसीबत आ पड़ी है। वह बहुत अच्छे दिल का था और उनका बहुत करीबी दोस्त था। वह उदास और गुस्सा हुआ। फिर उसने एक बात की ओर इशारा किया कि अगर वह उसके घर आए तो उसके नौकर चले जाएँगे। उन्होंने उसके आशय

को समझा और उससे अपने घर में ठहराने के लिए नहीं कहा।

उन्होंने क्रिश्चियन मित्र के यहाँ जाना उचित नहीं समझा। एक बार उसने उन्हें अपने घर रुकने का न्योता दिया था। तब उन्होंने पारसी सराय में रुकना सही समझा था। दरअसल न जाने का कारण उनकी आदतें अलग होना था। अब जाना बेइज्जती कराने जैसा था। इसलिए वह अपने ऑफिस चले गए, लेकिन उन्होंने वहाँ जाने का विचार छोड़ा नहीं था। अपने एक मित्र से बात करने के बाद उन्होंने अपने (भारतीय क्रिश्चियन) मित्र से फिर पूछा कि क्या वो अपने यहाँ उन्हें रख सकता है? जब उन्होंने यह सवाल किया तो बदले में उसने कहा कि उसकी पत्नी कल बड़ौदा आ रही है, उससे पूछकर बताएगा।

उन्होंने क्रिश्चियन मित्र के यहाँ जाना उचित नहीं समझा। एक बार उसने उन्हें अपने घर रुकने का न्योता दिया था। तब उन्होंने पारसी सराय में रुकना सही समझा था। दरअसल न जाने का कारण उनकी आदतें अलग होना था। अब जाना बेइज्जती कराने जैसा था।

वह समझ गए कि यह एक चालाकी भरा जवाब है। वो और उसकी पत्नी मूलतः एक ब्राह्मण परिवार के थे। क्रिश्चियन होने के बाद भी पति तो उदार हुआ, लेकिन पत्नी अभी भी कट्टर थी और किसी अछूत को घर में नहीं ठहरने दे सकती थी। उम्मीद की यह किरण भी बुझ गई। उस समय शाम के चार बज रहे थे, जब वह भारतीय क्रिश्चियन मित्र के घर से निकले। कहाँ जाएँ? उनके लिए विराट् सवाल था। उन्हें सराय छोड़नी ही थी, लेकिन कोई मित्र नहीं था, जहाँ वह जा सकते थे। केवल एक विकल्प था, बंबई वापस लौटने का।

बड़ौदा से बंबई की रेलगाड़ी नौ बजे रात को थी। पाँच घंटे बिताने थे, उनको कहाँ बिताएँ, क्या सराय में जाना चाहिए, क्या दोस्तों के यहाँ

जाना चाहिए? वह सराय में वापस जाने का साहस नहीं जुटा पाए। उन्हें डर था कि पारसी फिर से इकट्ठे होकर उनके ऊपर आक्रमण कर देंगे। वह अपने मित्रों के यहाँ नहीं गए। भले ही उनकी हालत बहुत दयनीय थी, लेकिन वह दया के पात्र नहीं बनना चाहते थे। उन्होंने शहर के किनारे स्थित कमाथी बाग सरकारी बाग में समय बिताना तय किया। वह वहाँ कुछ अन्यमनस्क भाव से बैठे और कुछ इस उदासी से कि उनके साथ यह क्या घटा! उन्होंने अपने माता-पिता के बारे में और जब वह बच्चे थे और जब खराब दिन थे, उनके बारे में सोचा।

आठ बजे रात को वह बाग से बाहर आए और सराय के लिए गाड़ी ली और अपना सामान लिया। न तो केयरटेकर और न ही वह, दोनों ने एक-दूसरे से कुछ भी नहीं कहा। वो कहीं-न-कहीं खुद को उनकी हालत के लिए जिम्मेदार मान रहा था। उन्होंने उसका बिल चुकाया। उसने खामोशी से उसको लिया और चुपचाप चला गया।

आठ बजे रात को वह बाग से बाहर आए और सराय के लिए गाड़ी ली और अपना सामान लिया। न तो केयरटेकर और न ही वह, दोनों ने एक-दूसरे से कुछ भी नहीं कहा। वो कहीं-न-कहीं खुद को उनकी हालत के लिए जिम्मेदार मान रहा था। उन्होंने उसका बिल चुकाया। उसने खामोशी से उसको लिया और चुपचाप चला गया।

वह बड़ौदा बड़ी उम्मीदों से गए थे। उसके लिए कई दूसरे मौके ठुकराए थे। यह युद्ध का समय था। भारतीय सरकारी शिक्षण संस्थानों में कई पद रिक्त थे। वह कई प्रभावशाली लोगों को लंदन में जानते थे, लेकिन उन्होंने उनमें से किसी की मदद नहीं ली। उन्होंने सोचा कि उनका पहला फर्ज महाराजा बड़ौदा के लिए अपनी सेवाएँ देना है, जिन्होंने उनकी शिक्षा का प्रबंध किया था। यहाँ उन्हें कुल

ग्यारह दिनों के भीतर बड़ौदा से बंबई जाने के लिए मजबूर होना पड़ा।

वह दृश्य, जिसमें दर्जनों पारसी लोग डंडे लेकर उनके सामने डरानेवाले अंदाज में खड़े हैं और वह उनके सामने भयभीत नजरों से दया की भीख माँगते खड़े हैं, वो 18 वर्षों बाद भी धूमिल नहीं हो सका। ऐसा कभी नहीं हुआ होगा कि उस दिन को याद किया और आँखों में आँसू न आ गए हों। उस समय उन्होंने यह जाना था कि जो आदमी हिंदुओं के लिए अछूत है, वो पारसियों के लिए भी अछूत है।

□

6

ताँगा-दुर्घटना

किसी का भी स्वाद बदला जा सकता है, लेकिन
जहर को अमृत में परिवर्तित नहीं किया जा सकता।

—भीमराव आंबेडकर

यह बात 1929 की है। बंबई सरकार ने दलितों के मुद्दों की जाँच के लिए एक कमेटी गठित की। भीमराव उस कमेटी के एक सदस्य मनोनीत हुए। इस कमेटी को हर तालुके में जाकर अत्याचार, अन्याय और अपराध की जाँच करनी थी। इसलिए कमेटी को बाँट दिया गया। उन्हें और दूसरे सदस्य को खानदेश के दो जिलों में जाने का कार्यभार मिला। वह और उनके साथी काम खत्म करने के बाद अलग-अलग हो गए। वो किसी हिंदू संत से मिलने चला गया और वह बंबई के लिए रेलगाड़ी पकड़ने निकल गए। वह धूलिया लाइन पर चालिसगाँव के एक गाँव में एक कांड की जाँच के लिए उतर गए। यहाँ पर हिंदुओं ने अछूतों के खिलाफ सामाजिक बहिष्कार किया हुआ था।

चालिसगाँव के अछूत स्टेशन पर उनके पास आ गए और उन्होंने अपने वहाँ रात रुकने का अनुरोध किया। उनकी मूल योजना सामाजिक

बहिष्कार की घटना की जाँच करके सीधे जाने की थी, लेकिन वो लोग बहुत इच्छुक थे और वह वहाँ रुकने के लिए तैयार हो गए। वह गाँव जाने के लिए धूलिया की रेलगाड़ी में बैठ गए और घटना की जाँच की और अगली रेल से चालिसगाँव वापस आ गए।

उन्होंने देखा कि चालिसगाँव स्टेशन पर अछूत (दलित) उनका इंतजार कर रहे हैं। उन्हें फूलों की माला पहनाई गई। स्टेशन से महारवाड़ा अछूतों का घर दो मील दूर था। वहाँ पहुँचने के लिए एक नदी पार करनी पड़ती थी, जिसके ऊपर एक नाला बना था। स्टेशन पर कई घोड़ागाड़ी किराए पर जाने के लिए उपलब्ध थीं। महारवाड़ा पैदल की दूरी पर था। उन्होंने सोचा कि सीधे महारवाड़ा जाएँगे, लेकिन उस ओर कोई हलचल नहीं हो रही थी। वह समझ नहीं पाए कि उन्हें इंतजार क्यों कराया जा रहा है।

उन्होंने देखा कि चालिसगाँव स्टेशन पर अछूत (दलित) उनका इंतजार कर रहे हैं। उन्हें फूलों की माला पहनाई गई। स्टेशन से महारवाड़ा अछूतों का घर दो मील दूर था। वहाँ पहुँचने के लिए एक नदी पार करनी पड़ती थी, जिसके ऊपर एक नाला बना था।

तकरीबन एक घंटा इंतजार करने के बाद प्लेटफॉर्म पर एक ताँगा लाया गया और वह बैठे। वह और गाड़ीवान ताँगे पर सिर्फ दो लोग थे। दूसरे लोग नजदीक वाले रास्ते से पैदल चले गए। ताँगा मुश्किल से 200 गज चला होगा कि एक गाड़ी से तकरीबन भिड़ गया। उन्हें बड़ी हैरत हुई, क्योंकि चालक, जोकि रोज ही ताँगा चलाता होगा, इतना नौसिखिया जैसा चला रहा था। यह दुर्घटना इसलिए टल गई कि पुलिसवाले के जोर से चिल्लाने से कारवाले ने गाड़ी पीछे कर ली।

खैर, वह किसी तरह नदी पर बने नाले की तरफ आ गए। उस पुल के किनारों पर कोई दीवार नहीं थी। कुछ पत्थर दस–पाँच फीट की दूरी

पर लगाए गए थे। जमीन भी पथरीली थी। नदी पर बना नाला शहर की ओर था, जिधर से वे लोग आ रहे थे। नाले से सड़क की ओर एक तीखा मोड़ लेना था।

नाले के पत्थर के पास घोड़ा सीधे न जाकर तेजी से मुड़ गया और उछल पड़ा। ताँगे के पहिए किनारे लगे पत्थरों पर इस तरह फँस गए कि भीमराव उछल पड़े और नाले की पथरीली जमीन पर गिर पड़े। घोड़ा और गाड़ी नाले से सीधे नदी में जा गिरे।

नाले के पत्थर के पास घोड़ा सीधे न जाकर तेजी से मुड़ गया और उछल पड़ा। ताँगे के पहिए किनारे लगे पत्थरों पर इस तरह फँस गए कि भीमराव उछल पड़े और नाले की पथरीली जमीन पर गिर पड़े। घोड़ा और गाड़ी नाले से सीधे नदी में जा गिरे।

वह इतनी तेज गिरे कि अचेत हो गए। महारवाड़ा नदी के ठीक उस पार था। जो लोग स्टेशन पर उनका स्वागत करने आए थे, वो उनसे पहले पहुँच गए थे। उन्हें उठाकर रोते-बिलखते बच्चों और स्त्री-पुरुषों के बीच से महारवाड़ा ले जाया गया। उन्हें कई चोटें आई थीं। उनका पैर टूट गया था और वह कई दिन तक चल, फिर नहीं पाए। वह समझ नहीं सके कि ये सबकुछ कैसे हुआ। ताँगा रोज उसी रास्ते से आता-जाता था और चालक से कभी इस तरह की गलती नहीं हुई।

पता करने पर उन्हें सच्चाई बताई गई। स्टेशन पर देर इसलिए हुई, क्योंकि कोई गाड़ीवान अछूत को अपनी गाड़ी में लाने के लिए तैयार नहीं था। ये उनकी शान के खिलाफ था। महार लोग यह बर्दाश्त नहीं कर सकते थे कि वह उनके घर तक पैदल आएँ। ये उनके लिए उनकी शान के खिलाफ था। उन्हें बीच का रास्ता मिला। वो बीच का रास्ता था कि ताँगे का मालिक अपना ताँगा किराए पर दे देगा, लेकिन खुद नहीं

चलाएगा। महार लोग ताँगा ले सकते थे।

महारों ने सोचा कि ये सही रहेगा, लेकिन वो भूल गए कि सवारी की गरिमा से ज्यादा उनकी सुरक्षा महत्त्वपूर्ण है। अगर उन्होंने इस पर सोचा होता तो वो भी देखते कि क्या वो ऐसा चालक ढूँढ़ सकते हैं जो सुरक्षित पहुँचा पाए। सच तो ये था कि उनमें से कोई भी गाड़ी चलाना नहीं जानता था, क्योंकि यह उनका पेशा नहीं था। उन्होंने अपने में से किसी से गाड़ी चलाने के लिए पूछा। एक ने गाड़ी की लगाम यह सोचकर थाम ली कि इसमें कुछ नहीं रखा, लेकिन जैसे ही उसने मुझे बिठाया, वो इतनी बड़ी जिम्मेदारी के बारे में सोचकर नर्वस हो गया और गाड़ी उसके काबू से बाहर हो गई।

अपनी शान के लिए चालिसगाँव के महार लोगों ने उनकी जिंदगी दाँव पर लगा दी। उस वक्त उन्होंने जाना कि एक हिंदू ताँगेवाला, भले ही वो खटने का काम करता हो, उसकी एक गरिमा है। वह खुद को एक ऐसा इनसान समझ सकता है, जो किसी अछूत से ज्यादा ऊँचा है, इससे भी कोई फर्क नहीं पड़ता कि वो अछूत सरकारी वकील है।

□

7

पानी मत छूना

हमें अपने पैरों पर खड़ा होना है, अपने अधिकार के लिए लड़ना है, तो अपनी ताकत और बल को पहचानें, क्योंकि शक्ति और प्रतिष्ठा संघर्ष से ही मिलती है।

—भीमराव आंबेडकर

यह 1934 की बात है, दलित तबके से आनेवाले आंदोलन के भीमराव के कुछ साथियों ने उन्हें साथ घूमने चलने के लिए कहा। वह तैयार हो गए। यह तय हुआ कि उनकी योजना में कम-से-कम वेरूल की बौद्ध गुफाएँ शामिल हों। यह तय किया गया कि पहले भीमराव नासिक जाएँगे, वहाँ पर बाकी लोग उनके साथ हो लेंगे। वेरूल जाने के बाद उन्हें औरंगाबाद जाना था। औरंगाबाद हैदराबाद का मुसलिम राज्य था। यह हैदराबाद के महामहिम निजाम के इलाके में आता था।

औरंगाबाद के रास्ते में पहले उन्हें दौलताबाद नाम के कस्बे से गुजरना था। यह हैदराबाद राज्य का हिस्सा था। दौलताबाद एक ऐतिहासिक स्थान है और एक समय में यह प्रसिद्ध हिंदू राजा रामदेव

राय की राजधानी थी। दौलताबाद का किला प्राचीन ऐतिहासिक इमारत है, ऐसे में कोई भी यात्री उसे देखने का मौका नहीं छोड़ता। इसी तरह उनकी पार्टी के लोगों ने भी अपने कार्यक्रम में किले को देखना शामिल कर लिया।

उन्होंने कुछ बस और यात्री कार किराए पर ली। वे लोग तकरीबन तीस लोग थे। उन्होंने नासिक से येवला तक की यात्रा की। येवला औरंगाबाद के रास्ते में पड़ता है। उनकी यात्रा की घोषणा नहीं की गई थी। जाने-बूझे तरीके से चुपचाप योजना बनी थी। वे कोई बवाल नहीं खड़ा करना चाहते थे और उन परेशानियों से बचना चाहते थे, जो एक अछूत को इस देश के दूसरे हिस्सों मे उठानी पड़ती है। उन्होंने अपने लोगों को भी, जिन जगहों पर उन्हें रुकना था, वही जगहें बताई थीं। इसी के चलते निजाम राज्य के कई गाँवों से गुजरने के दौरान उनसे कोई भी मिलने नहीं आया।

दौलताबाद में निश्चित ही अलग हुआ। वहाँ उनके लोगों को पता था कि वे लोग आ रहे हैं। वो कस्बे के मुहाने पर इकट्ठे होकर उनका इंतजार कर रहे थे। उन्होंने उन्हें उतरकर चाय-नाश्ते के लिए कहा और दौलताबाद किला देखने का तय किया गया। वे उनके प्रस्ताव पर सहमत नहीं हुए।

दौलताबाद में निश्चित ही अलग हुआ। वहाँ उनके लोगों को पता था कि वे लोग आ रहे हैं। वो कस्बे के मुहाने पर इकट्ठे होकर उनका इंतजार कर रहे थे। उन्होंने उन्हें उतरकर चाय-नाश्ते के लिए कहा और दौलताबाद किला देखने का तय किया गया। वे उनके प्रस्ताव पर सहमत नहीं हुए। उनका चाय पीने का बहुत मन था, लेकिन वे दौलताबाद किले को शाम होने से पहले ठीक से देखना चाहते थे। इसलिए वे लोग किले के लिए निकल पड़े और अपने लोगों से कहा कि वापसी में चाय पीएँगे।

उन्होंने ड्राइवर को चलने के लिए कहा और कुछ मिनटों में सब किले के फाटक पर थे।

ये रमजान का महीना था, जिसमें मुसलमान व्रत रखते हैं। फाटक के ठीक बाहर एक छोटा टैंक पानी से लबालब भरा था। उसके किनारे पत्थर का रास्ता भी बना था। यात्रा के दौरान उनके चेहरे, शरीर, कपड़े धूल से भर गए थे। उन सबका हाथ-मुँह धोने का मन हुआ। बिना कुछ खास सोचे, उनकी पार्टी के कुछ सदस्यों ने अपने पत्थरवाले किनारे पर खड़े होकर हाथ-मुँह धोया। इसके बाद सब फाटक से किले के अंदर गए। वहाँ हथियारबंद सैनिक खड़े थे। उन्होंने बड़ा सा फाटक खोला और उन्हें सीधे आने दिया।

ये रमजान का महीना था, जिसमें मुसलमान व्रत रखते हैं। फाटक के ठीक बाहर एक छोटा टैंक पानी से लबालब भरा था। उसके किनारे पत्थर का रास्ता भी बना था। यात्रा के दौरान उनके चेहरे, शरीर, कपड़े धूल से भर गए थे। उन सबका हाथ-मुँह धोने का मन हुआ।

उन्होंने सुरक्षा सैनिकों से भीतर जाने के तरीके के बारे में पूछा था कि किले के भीतर कैसे जाएँ? इसी दौरान एक बूढ़ा मुसलमान सफेद दाढ़ी लहराते हुए पीछे से चिल्लाते हुए आया, "थेड़ (अछूत), तुमने टैंक का पानी गंदा कर दिया।" जल्दी ही कई जवान और बूढ़े मुसलमान, जो आसपास थे, उनमें शामिल हो गए और उन्हें गालियाँ देने लगे। थेड़ों का दिमाग खराब हो गया है। थेड़ों को अपना धर्म भूल गया है (कि उनकी औकात क्या है)। थेड़ों को सबक सिखाने की जरूरत है। उन्होंने डरानेवाला रवैया अख्तियार कर लिया।

उन्होंने बताया कि वे लोग बाहर से आए हैं और स्थानीय नियम नहीं जानते हैं। उन्होंने अपना गुस्सा स्थानीय अछूत लोगों पर निकालना

शुरू कर दिया, जो उस वक्त तक फाटक पर आ गए थे। तुम लोगों ने इन लोगों को क्यों नहीं बताया कि ये टैंक अछूत इस्तेमाल नहीं कर सकते? ये सवाल वो लोग उनसे लगातार पूछने लगे। बेचारे लोग ये तो जब वे टैंक के पास थे, तब तो वहाँ थे ही नहीं। यह पूरी तरह से उनकी गलती थी, क्योंकि उन्होंने किसी से पूछा भी नहीं था। स्थानीय अछूत लोगों ने विरोध जताया कि उन्हें नहीं पता था।

लेकिन मुसलमान लोग उनकी बात सुनने को तैयार नहीं थे। वे उन्हें गाली देते जा रहे थे। वो इतनी खराब गालियाँ दे रहे थे कि वे भी बर्दाश्त नहीं कर पा रहे थे। वहाँ दंगे जैसे हालात बन गए थे और हत्या भी हो सकती थी, लेकिन उन्हें किसी भी तरह खुद पर नियंत्रण रखना था। वे ऐसा कोई आपराधिक मामला नहीं बनाना चाहते थे, जो उनकी यात्रा को अजीब तरीके से खत्म कर दे।

भीड़ में से एक मुसलमान नौजवान लगातार बोले जा रहा था कि सबको अपना धर्म बताना है। इसका मतलब कि जो अछूत है, वो टैंक से पानी नहीं ले सकता। भीमराव का धैर्य जवाब दे गया। उन्होंने थोड़े गुस्से में पूछा, "क्या तुमको तुम्हारा धर्म यही सिखाता है। क्या तुम किसी अछूत को पानी लेने से रोक दोगे, अगर वह मुसलमान बन जाए?" इन सीधे सवालों से मुसलमानों पर कुछ असर होता हुआ दिखा। उन्होंने कोई उत्तर नहीं दिया और चुपचाप खड़े रहे।

भीमराव का धैर्य जवाब दे गया। उन्होंने थोड़े गुस्से में पूछा, "क्या तुमको तुम्हारा धर्म यही सिखाता है। क्या तुम किसी अछूत को पानी लेने से रोक दोगे, अगर वह मुसलमान बन जाए?" इन सीधे सवालों से मुसलमानों पर कुछ असर होता हुआ दिखा। उन्होंने कोई उत्तर नहीं दिया और चुपचाप खड़े रहे।

सुरक्षा सैनिक की ओर मुड़ते हुए उन्होंने फिर से गुस्से में कहा,

"क्या हम इस किले में जा सकते हैं या नहीं? हमें बताओ और अगर हम नहीं जा सकते तो हम यहाँ रुकना नहीं चाहते?" सुरक्षा सैनिक ने उनका नाम पूछा। उन्होंने एक कागज पर अपना नाम लिखकर दिया। वह उसे सुपरिटेंडेंट के पास भीतर ले गया और फिर बाहर आया। उन्हें बताया गया कि वे किले में जा सकते हैं, लेकिन कहीं भी किले के भीतर पानी नहीं छू सकते हैं और साथ में एक हथियार से लैस सैनिक भी भेजा गया, ताकि वो देख सके कि वे उस आदेश का उल्लंघन तो नहीं कर रहे हैं।

गरीबी, बहिष्करण, लांछन से भरा बचपन मन के एक कोने में दबाए हुए आंबेडकर ने देखा था कि उनके जैसे करोड़ों लोग भारत में किस प्रकार का जीवन जी रहे हैं। उनके जीवन और आत्मा में प्रकाश शिक्षा ही ला सकती है। यही उन्हें उस दासता से मुक्त करेगी जिसे समाज, धर्म और दर्शन ने उनकी नस-नस में आरोपित कर दिया है।

पहले के एक उदाहरण में हमने देखा कि कैसे एक अछूत हिंदू पारसी के लिए भी अछूत होता है। जबकि यह उदाहरण दिखाता है कि कैसे एक अछूत हिंदू मुसलमान के लिए भी अछूत होता है।

गरीबी, बहिष्करण, लांछन से भरा बचपन मन के एक कोने में दबाए हुए आंबेडकर ने देखा था कि उनके जैसे करोड़ों लोग भारत में किस प्रकार का जीवन जी रहे हैं। उनके जीवन और आत्मा में प्रकाश शिक्षा ही ला सकती है। यही उन्हें उस दासता से मुक्त करेगी जिसे समाज, धर्म और दर्शन ने उनकी नस-नस में आरोपित कर दिया है।

इस दासता को दलितों को अपनी नियति मान लेने को कहा गया था। आंबेडकर इसे तोड़ देना चाहते थे। वे देवताओं के संजाल को तोड़कर एक ऐसे मुक्त मनुष्य की कल्पना कर रहे थे, जो धार्मिक तो

हो, लेकिन गैर-बराबरी को जीवन मूल्य न माने। इसलिए जब अक्तूबर 1956 में उन्होंने हिंदू धर्म से अपना विलगाव किया तो उन्होंने स्वयं और अपने अनुयायियों को बाईस प्रतिज्ञाएँ करवाईं।

मनुष्य की समानता में विश्वास, बुद्ध के आष्टांगिक मार्ग के अनुसरण, प्राणियों के प्रति दयालुता, चोरी न करने, झूठ न बोलने, शराब का सेवन न करने, असमानता पर आधारित हिंदू धर्म का त्याग करने और बौद्ध धर्म को अपनाने से संबंधित थीं।

यह प्रतिज्ञाएँ हिंदू धर्म की त्रिमूर्ति में अविश्वास, अवतारवाद के खंडन, श्राद्ध-तर्पण, पिंडदान के परित्याग, बुद्ध के सिद्धांतों और उपदेशों में विश्वास, ब्राह्मणों द्वारा निष्पादित होनेवाले किसी भी समारोह में भाग न लेने, मनुष्य की समानता में विश्वास, बुद्ध के आष्टांगिक मार्ग के अनुसरण, प्राणियों के प्रति दयालुता, चोरी न करने, झूठ न बोलने, शराब का सेवन न करने, असमानता पर आधारित हिंदू धर्म का त्याग करने और बौद्ध धर्म को अपनाने से संबंधित थीं। आंबेडकर आधुनिकता, लोकतंत्र और न्याय की संतान थे। वे पेशे से वकील भी थे। मनुष्य की गरिमा को बराबरी दिए बिना वे आधुनिकता, लोकतंत्र और न्याय की कल्पना भी नहीं कर सकते थे।

उन्होंने भारतीय समाज में घर और बाहर—दोनों जगह स्त्रियों की बराबरी के लिए संघर्ष किए। जब वे जवाहरलाल नेहरू की सरकार में विधिमंत्री बने तो उन्होंने स्त्रियों को न केवल घरेलू दुनिया में, बल्कि उन्हें आर्थिक और लैंगिक रूप से मजबूत बनाने के लिए हिंदू कोड बिल प्रस्तुत किया। यह बिल पास नहीं होने दिया गया। आंबेडकर ने इस्तीफा दे दिया।

□

8

कालाराम मंदिर का आंदोलन

हालाँकि मैं एक हिंदू पैदा हुआ था, लेकिन मैं सत्यनिष्ठा से आपको विश्वास दिलाता हूँ कि मैं हिंदू के रूप में मरूँगा नहीं।

—भीमराव आंबेडकर

डॉ. आंबेडकर ने छुआछूत खत्म करने के लिए काफी संघर्ष किया था। कालाराम मंदिर का उनका आंदोलन काफी अहम माना जाता है। इस आंदोलन का लक्ष्य केवल सवर्ण हिंदुओं को आगाह करना नहीं था, बल्कि अंग्रेजों को जगाने के लिए भी था।

आंबेडकर की यह लड़ाई दलितों और शोषितों को हक दिलाने के लिए थी। 2 मार्च, 1930 को यह लड़ाई शुरू हुई और पाँच सालों तक चली।

गोदावरी नदी के किनारे बसा नासिक सनातनी हिंदुओं का गढ़ माना जाता था। उसी नासिक के कालाराम मंदिर मे हजारों 'अछूतों' के साथ आंबेडकर के प्रवेश का इरादा था। डॉ. आंबेडकर की जीवनी लिखनेवाले धनंजय कीर लिखते हैं, "आंबेडकर ने महाराष्ट्र के ब्राह्मणों

को साहस के साथ चुनौती दी थी।"

उस समय अंग्रेजों का भारत पर राज था। कांग्रेस अंग्रेजों से लड़ रही थी। दूसरी तरफ आंबेडकर हिंदू धर्म के भीतर दलितों से भेदभाव और शोषण के खिलाफ लड़ रहे थे।

आंबेडकर हिंदू धर्म में सवर्णों के विशेषाधिकार को चुनौती दे रहे थे। कीर का कहना है "आंबेडकर का संघर्ष शक्तिशाली ब्राह्मणों से था, जो दलितों को मनुष्य का अधिकार देने को राजी नहीं थे।"

2 मार्च, 1930 को नासिक शहर मे एक जुलूस निकला। ऐसा जुलूस इस शहर ने पहले कभी नहीं देखा था। आंबेडकर की अध्यक्षता में एक सभा का आयोजन किया गया। उसी सभा में यह जुलूस निकालने का निर्णय लिया गया था। जुलूस लगभग एक किलोमीटर तक जाना था, जिसमें करीब 15 हजार लोग शामिल थे।

2 मार्च, 1930 को नासिक शहर मे एक जुलूस निकला। ऐसा जुलूस इस शहर ने पहले कभी नहीं देखा था। आंबेडकर की अध्यक्षता में एक सभा का आयोजन किया गया। उसी सभा में यह जुलूस निकालने का निर्णय लिया गया था। जुलूस लगभग एक किलोमीटर तक जाना था, जिसमें करीब 15 हजार लोग शामिल थे।

श्रीराम का नारा लगाते हुए यह जुलूस निकला था। जुलूस मंदिर के पास पहुँचा। मंदिर के सारे दरवाजे बंद थे, इसलिए जुलूस गोदावरी नदी के किनारे गया। वहाँ एक भव्य सभा हुई। दूसरे दिन मंदिर में प्रवेश करने का निर्णय हुआ। आंदोलनरत पहली टुकड़ी में 125 पुरुष और 25 औरतें थीं।

अगले पूरे महीना यह आंदोलन चलता रहा। 9 अप्रैल, 1930 को रामनवमी का दिन था। सनातनी हिंदुओं और आंबेडकर के नेतृत्ववाले

आंदोलनकारियों में एक समझौता हुआ। राम का रथ खींचने में अछूतों को भी शामिल करने का निर्णय हुआ। अपने कार्यकर्ताओं के साथ आंबेडकर मंदिर के पास आए। पर आंबेडकर के समर्थकों के हाथ लगाने से पहले ही सनातनी हिंदू रथ ले गए। आंबेडकर ने सारी बातें बॉम्बे प्रांत के ब्रिटिश गवर्नर फ्रेडरिक साइक्सको को लिखे पत्र में बताई हैं।

उनके अनुयायियों पर पत्थरबाजी हुई। आंबेडकर पर कोई पत्थर न गिरे, इसलिए उनके सिर पर लोगों ने छतरी लगा रखी थी, हालाँकि इसके बावजूद लोग जख्मी हो गए थे। इस घटना में एक युवक की मौत हो गई थी। ब्रिटिश गवर्नर को लिखे पत्र में इसका जिक्र मिलता है।

उनके अनुयायियों पर पत्थरबाजी हुई। आंबेडकर पर कोई पत्थर न गिरे, इसलिए उनके सिर पर लोगों ने छतरी लगा रखी थी, हालाँकि इसके बावजूद लोग जख्मी हो गए थे। इस घटना में एक युवक की मौत हो गई थी। ब्रिटिश गवर्नर को लिखे पत्र में इसका जिक्र मिलता है।

बाबासाहेब आंबेडकर की जीवनी लिखनेवाले धनंनजय कीर ने लिखा है, "सत्याग्रह के बाद नासिक में 'अछूतों' को काफी मुश्किलों का सामना करना पड़ा। उनके बच्चों के स्कूल बंद हो गए। रास्ते बंद कर दिए गए। दुकानों से उन्हें सामान मिलने बंद हो गए। सनातनी हिंदू उन पर जोर-जबरदस्ती करने लगे। इसके बावजूद उन्होंने आंदोलन चालू रखा।"

आंदोलन के दौरान ही आंबेडकर को गोलमेज सम्मेलन के लिए लंदन जाना पड़ा। उनकी गैर-मौजूदगी में भाऊराव गायकवाड़ ने यह संघर्ष जारी रखा। यह संघर्ष पाँच सालों तक चला, हालाँकि इसके बावजूद 'अछूतों' को मंदिर में प्रवेश नहीं मिला। भारत को आजादी मिलने के बाद इस मंदिर में अछूतों को प्रवेश मिला।

पर, जो समाज जातिवाद से ग्रस्त था, उस समाज को अंधकार से बाहर निकालने के लिए और अंग्रेजों को संदेश देने के लिए उन्होंने यह आंदोलन किया था। आंबेडकर का यह संघर्ष सिर्फ नासिक तक ही सीमित नहीं था। इससे पहले अमरावती में भी उन्होंने मंदिर में प्रवेश के लिए कोशिश की थी। इस तरह के सवाल खड़े किए जा रहे थे कि राम के सच्चे भक्त को मंदिर में प्रवेश क्यों चाहिए?

इस सवाल का जवाब आंबेडकर ने अमरावती की एक सभा में दिया था। आंबेडकर ने अपने जवाब में कहा था, "प्रार्थना के कई प्रकार हैं। साकार और निराकर दोनों तरीकों से भगवान् के प्रति श्रद्धा रखी जा सकती है, हालाँकि उनको यह साबित करना था कि अछूत लोगों की वजह से कोई मंदिर अपवित्र नहीं होता है या उनके छूने से किसी मूर्ति की महिमा कम नहीं होती।"

आंबेडकर ने कहा था, "हिंदू धर्म में सभी वर्गों को समान अधिकार है। यहाँ हम किसी को अछूत नहीं मान सकते। हिंदू धर्म में जितना योगदान ब्राह्मण वशिष्ठ, क्षत्रिय कृष्ण, वैश्य तुकाराम का है, उसी तरह वाल्मीकि और रविदास जैसे 'अछूतों' का भी रहा है।"

आंबेडकर ने कहा था, "हिंदू धर्म में सभी वर्गों को समान अधिकार है। यहाँ हम किसी को अछूत नहीं मान सकते। हिंदू धर्म में जितना योगदान ब्राह्मण वशिष्ठ, क्षत्रिय कृष्ण, वैश्य तुकाराम का है, उसी तरह वाल्मीकि और रविदास जैसे 'अछूतों' का भी रहा है।"

आंबेडकर के आंदोलन में अहिंसा एक प्रमुख हथियार थी। आंबेडकर किसी कानून को तोड़ने के पक्षधर नहीं थे। इस आंदोलन को देखते हुए नासिक के डी.एम. ने निषेधाज्ञा लागू कर दी थी। मंदिर में प्रवेश के लिए आंबेडकर ने ब्रिटिश गवर्नर से भी अनुरोध किया था,

हालाँकि इसका कोई फायदा नहीं मिला था। आंबेडकर को पूरा आंदोलन ही स्थगित करना पड़ा था।

1933 में महात्मा गांधी और आंबेडकर की यरवदा जेल में मुलाकात हुई थी। आंबेडकर ने महात्मा गांधी को मंदिर में प्रवेश के बारे में अपनी राय बताई थी। उन्होंने गांधी से कहा था कि शोषित वर्ग के मंदिर में जाने भर से अधिकार नहीं मिल जाएगा। इस तबके का सामाजिक और सांस्कृतिक सशक्तीकरण जरूरी है। इसके लिए शिक्षा सबसे अहम है। अंततः जाति व्यवस्था भी खत्म होनी चाहिए, जब तक जाति व्यवस्था खत्म नहीं होती, तब तक उनका कायापलट नहीं हो सकता है।

□

9

शिक्षा से बढ़कर कुछ नहीं

राष्ट्रवाद तभी औचित्य ग्रहण कर सकता है, जब लोगों के बीच जाति, नस्ल या रंग का अंतर भुलाकर उसमें सामाजिक भ्रातृत्व को सर्वोच्च स्थान दिया जाए।

—भीमराव आंबेडकर

भीमराव आंबेडकर ने अपने प्रारंभिक जीवन से लेकर अंत समय तक कठिनाइयों का सामना किया, लेकिन उन्होंने कभी भी अपनी किसी परेशानी को अपनी शिक्षा के बीच नहीं आने दिया। उनकी इसी मेहनत और ललक से खासा प्रभावित होकर उन्हें शिक्षा प्राप्त करने के लिए, इंग्लैंड जाने के लिए छात्रवृत्ति मिली। इतना ही नहीं, बाबासाहेब को पुस्तकें पढ़ने का बहुत शौक था। जिसके चलते उनके पास स्वयं की एक लाइब्रेरी थी, जहाँ 50 हजार से अधिक किताबों का संग्रह हुआ करता था। साथ ही जब वह लंदन में थे, तब नियमित तौर से लाइब्रेरी जाया करते थे। एक बार वह लंच टाइम में लाइब्रेरी में ब्रेड खाते हुए पकड़े गए।

जिस पर लाइब्रेरियन ने उनकी मेंबरशिप खत्म करने की चेतावनी

दे डाली। साथ ही उनको जुरमाना भरने के लिए कहा। जिस पर भीमराव आंबेडकर ने उस लाइब्रेरियन से माफी माँगी और उसे बताया कि उनके पास कैफेटेरिया में जाकर खाने के पैसे नहीं हैं। जिस पर वह लाइब्रेरियन, जोकि यहूदी था, वह उनसे बोला, "ठीक है कल से तुम मेरे साथ कैफेटेरिया चलना और मेरे साथ मेरा भोजन बाँटकर खाना।" कहते हैं, तभी से बाबासाहेब यहूदियों को काफी सम्मान दिया करते थे।

□

10

उद्देश्य के प्रति गंभीर

सागर में मिलकर अपनी पहचान खो देनेवाली पानी की एक बूँद के विपरीत, इनसान जिस समाज में रहता है, वहाँ अपनी पहचान नहीं खोता।

—भीमराव आंबेडकर

जब भीमराव आंबेडकर अमेरिका की कोलंबिया यूनिवर्सिटी में पढ़ाई कर रहे थे। उस समय वह अकसर लाइब्रेरी जाया करते थे और सुबह लाइब्रेरी के खुलने से पहले ही पहुँच जाया करते थे और देर रात तक वहीं बैठा करते थे। लाइब्रेरी में वह तब भी रहते थे, जब अकसर लोग लाइब्रेरी बंद होने के बाद घर चले जाते थे।

इतना ही नहीं, कई बार लाइब्रेरी में अधिक समय तक बैठे रहने के लिए उन्हें अनुमति तक लेनी पड़ जाती थी। ऐसे में एक बार लाइब्रेरी के एक कर्मचारी ने उनसे पूछा कि तुम्हें अकसर मैंने अधिक समय तक यहीं समय व्यतीत करते देखा है। तुम दिन भर पुस्तकों के साथ ही क्यों रहते हो, अन्य लोगों की तरह बाहर जाकर मौज-मस्ती

क्यों नहीं करते? तो इस पर भीमराव आंबेडकर ने बड़े ही विनम्र स्वभाव से उनको उत्तर दिया कि "यदि मैं भी वैसा ही करूँगा, जैसा अन्य लोग कर रहे हैं तो फिर मेरे लोगों का खयाल कौन रखेगा, जोकि मेरे जीवन का एकमात्र उद्‌देश्य है।"

□

11

संस्कृत ज्ञान

लोग और उनके धर्म सामाजिक मानकों द्वारा सामाजिक नैतिकता के आधार पर परखे जाने चाहिए। अगर धर्म को लोगों के भले के लिए आवश्यक मान लिया जाएगा, तो और किसी मानक का मतलब नहीं होगा।

—भीमराव आंबेडकर

एक बार जब डॉ. भीमराव आंबेडकर और लाल बहादुर शास्त्रीजी के बीच किसी विषय पर चर्चा चल रही थी, तब वह दोनों संस्कृत भाषा में बातचीत कर रहे थे। जिस पर लोग डॉ. भीमराव आंबेडकर की संस्कृत भाषा पर पकड़ को देखकर आश्चर्यचकित रह गए, क्योंकि एक अनपढ़ दलित परिवार में जन्म होने के चलते लोग यह मानने को तैयार नहीं थे कि उन्हें संस्कृत भाषा में महारथ हासिल है।

हालाँकि जब भीमराव आंबेडकर को संविधान मसौदा समिति का अध्यक्ष बनाया गया था तो वह भारतीय भाषाओं की जननी

संस्कृत भाषा को एक महत्त्वपूर्ण दर्जा दिलवाना चाहते थे, लेकिन संविधान सभा के अन्य कई सदस्यों का उनको समर्थन प्राप्त नहीं हुआ। जिसके चलते उनका संस्कृत भाषा के प्रति विकास का स्वप्न अधूरा ही रह गया।

□

12

धर्म और जाति से बड़ा कर्म

जो धर्म जन्म से एक को 'श्रेष्ठ' और दूसरे को 'नीच' बनाए रखे, वह धर्म नहीं, गुलाम बनाए रखने का षड्यंत्र है।

—भीमराव आंबेडकर

डॉ. भीमराव आंबेडकर दलित परिवार में जन्मे थे। जिस वजह से उनका पूरा जीवन शोषितों और बेसहारा लोगों के हक की लड़ाई में ही व्यतीत हुआ। ऐसे में अपने बचपन के एक किस्से के बारे में वह लिखते हैं कि उन दिनों हर जगह दलित व्यक्ति को बड़ी हेय दृष्टि से देखा जाता था। ऐसे में जब वह स्कूल जाया करते थे, तो उन्हें विद्यालय के अन्य बच्चों के साथ बैठने और पढ़ने की अनुमति तक नहीं थी।

इतना ही नहीं, उन्हें प्यास लगने पर पानी भी नहीं मिलता था, क्योंकि उन्हें स्वयं नल को छूने की अनुमति नहीं थी और यदि स्कूल का चपरासी कहीं इधर-उधर चला जाता था तो उन्हें पानी तक से मोहताज कर दिया जाता था। ऐसे में डॉ. भीमराव आंबेडकर ने अपनी इस घटना को 'चपरासी नहीं तो पानी नहीं' शीर्षक देकर संबोधित किया था।

इस प्रकार डॉ. भीमराव आंबेडकर के जीवन से हमें यह सीखने को मिलता है कि व्यक्ति को उसकी जाति, धर्म से अधिक उसके कर्मों को महत्त्व देना चाहिए और यदि हम भीमराव आंबेडकर के दिखाए गए पदचिह्न पर चलेंगे, तो जीवन के हर क्षेत्र में सफलता हासिल करेंगे। □

13

सामाजिक परिवर्तन के लिए शिक्षा

जाति कोई ईंटों की दीवार या कोई काँटों का तार नहीं है, जो हिंदुओं को आपस में मिलने से रोक सके। जाति एक धारणा है, जो मन की एक अवस्था है।

—भीमराव आंबेडकर

शिक्षा मानव, आर्थिक और सामाजिक विकास का एक प्राथमिक माध्यम है, जिससे व्यक्ति और समाज दोनों को लाभ होता है। यह एक शक्ति है और लोगों की भलाई की कुंजी भी है। डॉ. आंबेडकर किसी के जीवन में शिक्षा के महत्त्व के बारे में बहुत अधिक जागरूक थे। उनका जीवन और प्रारंभिक स्कूली जीवन में शिक्षा के लिए उनका संघर्ष और अनुसंधान सहित उच्च स्तर पर भी शिक्षा एक व्यक्ति और लोगों की नियति को कैसे आकार देती है, इसका एक जीवंत उदाहरण है। उनका विश्वास था कि प्राथमिक और उच्च शिक्षा दोनों ही सामान्य लोगों के लिए और विशेष रूप से दबे-कुचले वर्गों के लिए महत्त्वपूर्ण हैं। उन्होंने बॉम्बे लेजिस्लेटिव काउंसिल में कहा, "हम सभ्यता के भौतिक लाभों को छोड़ सकते हैं, लेकिन हम उच्चतम शिक्षा के लाभों

को पूरी तरह से प्राप्त करने के अपने अधिकार और अवसर को नहीं छोड़ सकते।"

उन्होंने सरकार से सभी वर्गों के लोगों के लिए प्राथमिक शिक्षा के विकास के लिए और अधिक फंड उपलब्ध कराने की अपील की। 1927 के दौरान बॉम्बे असेंबली में विधायी राज्याभिषेक बहस में डॉ. आंबेडकर ने शिक्षा क्षेत्र बनाने के लिए एक ऐतिहासिक अपील की। वह शिक्षा की लागत और लाभों की गणना करनेवाले देश के पहले अर्थशास्त्री थे। उन्होंने शिक्षा पर किए गए निवेश को स्पष्ट करने के लिए अनुभवजन्य उदाहरण प्रदान किया था, जो कि पे बैक रिक्लेमेशन से कहीं अधिक फायदेमंद है। आंबेडकर ने कहा, "मैं देखता हूँ कि लोगों की संख्या में वृद्धि निश्चित रूप से शिक्षा पर खर्च में वृद्धि के अनुरूप नहीं है। मेरा निवेदन है कि हमें कम-से-कम शिक्षा पर उतनी ही राशि खर्च करनी चाहिए, जितनी हम लोगों से विशेष राजस्व के रूप में लेते हैं।"

उन्होंने सरकार से सभी वर्गों के लोगों के लिए प्राथमिक शिक्षा के विकास के लिए और अधिक फंड उपलब्ध कराने की अपील की। 1927 के दौरान बॉम्बे असेंबली में विधायी राज्याभिषेक बहस में डॉ. आंबेडकर ने शिक्षा क्षेत्र बनाने के लिए एक ऐतिहासिक अपील की।

चूँकि परिवर्तन समाज से जुड़ी एक अवधारणा है, इसलिए सामाजिक परिवर्तन तभी होता है, जब सामाजिक संरचना सामाजिक संबंधों के पैटर्न, स्थापित सामाजिक मानदंड और सामाजिक नियम बदलते हैं। प्रौद्योगिकी, जनसांख्यिकी और विचारधारा; राजनीतिक जीवन और आर्थिक नीति में परिवर्तन (जैसे वैश्वीकरण), समाज में क्रांतिकारी परिवर्तन लाते हैं। धर्म, नैतिकता और सामाजिक दृष्टिकोण में बुनियादी

अभिविन्यास जैसे सांस्कृतिक कारक सामाजिक परिवर्तन की दिशा और सीमा को प्रभावित करते हैं।

तकनीकी विकास श्रम बचानेवाले उपकरणों को नियोजित करके, तेजी से परिवहन और संचार प्रणाली द्वारा और नई प्रजनन विधियों द्वारा उत्पादन के नए तरीकों को पेश करके सामाजिक परिवर्तन को प्रभावित करता है। इलेक्ट्रॉनिक मीडिया, इलेक्ट्रॉनिक उपकरण, टेलीविजन, संचार साधन और उपकरण ऑटोमोबाइल और निर्माण प्रौद्योगिकियाँ भी प्रत्येक व्यक्ति के सामाजिक जीवन में बदलाव लाती हैं।

प्रजनन क्रिया के मानव अभ्यास में परिवर्तन और चिकित्सा विज्ञान में प्रगति के साथ, जनसंख्या, परिवार के आकार, जीवन स्तर और अंतर परिचित संबंधों की तीव्रता में परिवर्तन होते हैं। इस प्रकार परिवर्तन अधिक-से-अधिक शिक्षा की ओर ले जाता है और शिक्षा परिवर्तन लाती है।

प्रजनन क्रिया के मानव अभ्यास में परिवर्तन और चिकित्सा विज्ञान में प्रगति के साथ, जनसंख्या, परिवार के आकार, जीवन स्तर और अंतर परिचित संबंधों की तीव्रता में परिवर्तन होते हैं। इस प्रकार परिवर्तन अधिक-से-अधिक शिक्षा की ओर ले जाता है और शिक्षा परिवर्तन लाती है।

इस बात पर जोर देने की आवश्यकता नहीं है कि शिक्षा समाज में सामाजिक परिवर्तन लाने के लिए एक उत्प्रेरक है। किसी भी समाज का विकास उस समाज की शैक्षिक स्थिति पर निर्भर करता है। शिक्षा सामाजिक परिवर्तन का एक एजेंट या साधन है। इसे समाज के उत्थान में एक प्रमुख कारक के रूप में देखा जाता है। मुख्य कार्य युवाओं के समाजीकरण और सामाजिक व्यवस्था के रखरखाव में है। इसके विपरीत निरक्षरता का अँधेरा हमेशा

...ं बाधक बनता है, जिसे शिक्षा की लौ ... जा सकता है।

... विभिन्न स्तरों पर शिक्षा एक महत्त्वपूर्ण ... ल्याणकारी जनमत के निर्माण और ज्ञान ... ता है, जो लोगों को शोषण, अंधविश्वास के खिलाफ हथियार देता है और समानता, न्याय और बंधुत्व पर आधारित एक नई सामाजिक व्यवस्था स्थापित करता है।

> ***सामाजिक परिवर्तन के लिए विभिन्न स्तरों पर शिक्षा एक महत्त्वपूर्ण कारक है, क्योंकि यह जन कल्याणकारी जनमत के निर्माण और ज्ञान के प्रसार को सक्षम बनाता है, जो लोगों को शोषण, अंधविश्वास के खिलाफ हथियार देता है और समानता, न्याय और बंधुत्व पर आधारित एक नई सामाजिक व्यवस्था स्थापित करता है।***

डॉ. आंबेडकर ने शिक्षा को केवल बच्चे के व्यक्तित्व के विकास के साधन या आजीविका कमाने के स्रोत के रूप में नहीं देखा, बल्कि उन्होंने समाज में वांछित परिवर्तन लाने के लिए शिक्षा को सबसे शक्तिशाली एजेंट और आधुनिक समाज में किसी भी सामाजिक आंदोलन को शुरू करने के लिए संगठित प्रयासों के लिए एक शर्त माना।

सामाजिक लोकतंत्र

बाबासाहेब भीमराव आंबेडकर आधुनिक भारत के सबसे ऊँचे व्यक्तियों में से एक हैं, जिन्होंने भारतीय लोगों के एक विशाल वर्ग को दैवीय दासता की बदनाम, अमानवीय, अपरिवर्तनीय स्थिति से मुक्त किया। वे एक महान् सामाजिक उदारवादी थे। उनका दृष्टिकोण स्वतंत्रता, समानता और बंधुत्व के सिद्धांतों पर आधारित एक नई सामाजिक व्यवस्था का निर्माण करना था। इस प्रकार,

स्वतंत्रता, समानता और बंधुत्व का विचार उनकी गतिवि
केंद्रबिंदु था।

उनके अनुसार, 'न्यायसंगत समाज' की अवधारणा अनिवा रूप से अपने सदस्यों के अच्छे जीवन के प्रति सम्मान दरशाती है और समानता को बढ़ावा देने का प्रयास करती है, जितना कि यह अपने कल्याणकारी आदर्शों से मेल खाती है। एक न्यायपूर्ण समाज अपने सभी सदस्यों के जीवन की रक्षा करना चाहता है, चाहे वे कितने भी भिन्न हों। यह उन परिस्थितियों को छोड़कर कानून के समक्ष समान विचार, समान अवसर और समानता की अनुमति देता है, जहाँ अवसर की निष्पक्ष समानता और वंचितों की भलाई के हित में न्याय के विभेदक मानकों की आवश्यकता होती है।

'न्यायसंगत समाज' की अवधारणा अनिवार्य रूप से अपने सदस्यों के अच्छे जीवन के प्रति सम्मान दरशाती है और समानता को बढ़ावा देने का प्रयास करती है, जितना कि यह अपने कल्याणकारी आदर्शों से मेल खाती है। एक न्यायपूर्ण समाज अपने सभी सदस्यों के जीवन की रक्षा करना चाहता है, चाहे वे कितने भी भिन्न हों।

वह एक न्यायसंगत सामाजिक व्यवस्था स्थापित करना चाहते थे और लोकतंत्र के माध्यम से सभी के लिए सामाजिक न्याय लाना चाहते थे। उनके अनुसार, वंचितों की सामाजिक, आर्थिक, राजनीतिक और धार्मिक अक्षमताओं को दूर करने के लिए, लोगों की, लोगों के लिए और लोगों द्वारा सरकार की स्थापना करना आवश्यक था। उनके जीवन का अंतिम उद्देश्य 'वास्तविक सामाजिक लोकतंत्र' बनाना था।

संविधान सभा में अपने समापन भाषण में उन्होंने कहा, "राजनीतिक लोकतंत्र तब तक नहीं टिक सकता, जब तक कि सामाजिक लोकतंत्र

का आधार न हो। सामाजिक लोकतंत्र का क्या अर्थ है? इसका अर्थ है जीवन का एक तरीका, जो स्वतंत्रता, समानता और बंधुत्व को पहचानता है, जिसे त्रिमूर्ति में अलग-अलग वस्तुओं के रूप में नहीं माना जाना चाहिए। वे इस अर्थ में त्रिमूर्ति का एक संघ बनाते हैं कि एक को दूसरे से तलाक देना लोकतंत्र के उद्देश्य को हराना है। स्वतंत्रता को समानता से अलग नहीं किया जा सकता; समानता को स्वतंत्रता से अलग नहीं किया जा सकता। न ही स्वतंत्रता और समानता को बंधुत्व से अलग किया जा सकता है।"

यहाँ यह भी उल्लेख करना उचित होगा कि शिक्षा के बिना सामाजिक न्याय का उद्देश्य विशेष रूप से दलित और वंचित वर्गों के लिए प्राप्त नहीं किया जा सकता। इसलिए डॉ. आंबेडकर का विचार था कि शिक्षा सामाजिक न्याय प्राप्त करने के लिए एक शक्तिशाली साधन है और शिक्षा के बिना सामाजिक न्याय की प्राप्ति केवल एक सपना है।

यहाँ यह भी उल्लेख करना उचित होगा कि शिक्षा के बिना सामाजिक न्याय का उद्देश्य विशेष रूप से दलित और वंचित वर्गों के लिए प्राप्त नहीं किया जा सकता। इसलिए डॉ. आंबेडकर का विचार था कि शिक्षा सामाजिक न्याय प्राप्त करने के लिए एक शक्तिशाली साधन है और शिक्षा के बिना सामाजिक न्याय की प्राप्ति केवल एक सपना है।

जनता के लिए विशेष रूप से दलित वर्गों के लोगों के लिए शिक्षा के महत्त्व को महसूस करते हुए, आंबेडकर का मानना था कि शिक्षा जितनी अधिक व्यापक होगी, प्रगति के अवसर उतने ही अधिक होंगे और जनता की बेहतरी के अवसर भी अधिक होंगे।

एक महान् शिक्षाविद् के रूप में, उनका मानना था कि शिक्षा किसी

के जीवन में समग्र विकास की ओर ले जाती है। डॉ. आंबेडकर अपने विश्वास को बहुत ही सशक्त शब्दों में व्यक्त करते हैं, "जैसा कि मैं हिंदू समाज के निम्नतम क्रम से आता हूँ; मुझे पता है कि शिक्षा का मूल्य क्या है ? निचले क्रम की समस्या को आर्थिक माना जाता है। यह एक बड़ी भूल है। भारत में निम्न कोटि को ऊपर उठाने की समस्या उन्हें खिलाना नहीं है, उन्हें कपड़े पहनाना है और उन्हें उच्च क्रम की सेवा करना है, जैसा कि इस देश का प्राचीन आदर्श है। निचले क्रम की समस्या यह है कि उनमें से उस हीन भावना को दूर किया जाए, जिसने उनके विकास को रोक दिया है और उन्हें दूसरों का गुलाम बना दिया है और उनमें अपने लिए और देश के लिए अपने जीवन के महत्त्व की चेतना पैदा करना है, जिसको उन्होंने मौजूदा सामाजिक व्यवस्था द्वारा क्रूरता से लूट लिया गया। इस उद्‌देश्य को सभी के लिए उच्च शिक्षा के प्रसार के अलावा और कुछ भी हासिल नहीं किया जा सकता। मेरी राय में, यह हमारी सभी सामाजिक समस्याओं का रामबाण इलाज है।" यही कारण है कि डॉ. आंबेडकर ने 'शिक्षा' को अपने एक्शन के तीन नारे 'शिक्षित, संगठित और आंदोलन' का पहला कदम बनाया।

जैसा कि मैं हिंदू समाज के निम्नतम क्रम से आता हूँ; मुझे पता है कि शिक्षा का मूल्य क्या है ? निचले क्रम की समस्या को आर्थिक माना जाता है। यह एक बड़ी भूल है। भारत में निम्न कोटि को ऊपर उठाने की समस्या उन्हें खिलाना नहीं है, उन्हें कपड़े पहनाना है और उन्हें उच्च क्रम की सेवा करना है, जैसा कि इस देश का प्राचीन आदर्श है।

डॉ. आंबेडकर, जो सामाजिक असमानता और अन्याय के मुद्‌दों से अच्छी तरह परिचित थे, को भारत में सामाजिक न्याय स्थापित करने

का मौका तब मिला, जब उन्हें भारत के संविधान की मसौदा समिति का अध्यक्ष नियुक्त किया गया।

यहाँ डॉ. बी.आर. आंबेडकर को अपने विचारों और आदर्शों को महान् राष्ट्र के संविधान में शामिल करने के लिए कहा गया। इस महान् कार्य में स्वतंत्रता के आलोक में, डॉ. आंबेडकर ने मसौदा समिति के अध्यक्ष के रूप में अपनी क्षमता में एक अनूठी भूमिका निभाई। उन्होंने स्वतंत्र भारत का पहला संविधान लिखने के लिए दिन-रात मेहनत की, जिसमें स्वतंत्रता, समानता और न्याय शामिल था। उन्होंने संविधान को न केवल देश पर शासन करने के लिए एक तंत्र के रूप में, बल्कि सामाजिक परिवर्तन, सामाजिक क्रांति और सामाजिक न्याय के चार्टर के एक शक्तिशाली उपकरण के रूप में माना। सामाजिक परिवर्तन का विषय, सामाजिक क्रांति और सामाजिक न्याय का एक चार्टर संविधान सभा की काररवाई और दस्तावेजों में चलता है।

यहाँ डॉ. बी.आर. आंबेडकर को अपने विचारों और आदर्शों को महान् राष्ट्र के संविधान में शामिल करने के लिए कहा गया। इस महान् कार्य में स्वतंत्रता के आलोक में, डॉ. आंबेडकर ने मसौदा समिति के अध्यक्ष के रूप में अपनी क्षमता में एक अनूठी भूमिका निभाई।

भारत के संविधान का अंतिम लक्ष्य सामाजिक न्याय प्राप्त करना है, जिसके माध्यम से एक जातिविहीन, वर्गहीन और समतावादी समाज न्याय, समानता, स्वतंत्रता और बंधुत्व में अनुवाद करने में सक्षम हो सकता है; भारतीय संविधान के चार बुनियादी स्तंभ, भारतीय संविधान की अंतरात्मा को प्रस्तावना, मौलिक अधिकारों और निर्देशक सिद्धांतों में देखा जा सकता है।

संविधान की प्रस्तावना स्पष्ट रूप से 'अपने सभी नागरिकों को

न्याय, सामाजिक, आर्थिक और राजनीतिक' के साथ-साथ 'स्थिति और अवसर की समानता' हासिल करने के उद्देश्यों को स्पष्ट करती है।

भारतीय समाज को ठीक करने के लिए, जो कई अन्याय के अधीन था, विशेष रूप से कमजोर वर्गों के लिए, सरकारी नौकरियों, शैक्षणिक संस्थानों, विधायिका, पंचायतों और नगर पालिकाओं में दलितों के लिए आरक्षण या पर्याप्त प्रतिनिधित्व की व्यवस्था को भी भारतीय संविधान में शामिल किया गया है।

भारत का संविधान देश के नागरिकों के बीच समानता की सामान्य अवधारणा को विचलित किए बिना, सामाजिक और शैक्षिक रूप से कमजोर वर्गों के उत्थान के लिए उनके पक्ष में सुरक्षात्मक भेदभाव प्रदान करता है। संविधान में उन्नति और आरक्षण के लिए विशेष प्रावधान किए गए हैं।

भारत का संविधान देश के नागरिकों के बीच समानता की सामान्य अवधारणा को विचलित किए बिना, सामाजिक और शैक्षिक रूप से कमजोर वर्गों के उत्थान के लिए उनके पक्ष में सुरक्षात्मक भेदभाव प्रदान करता है। संविधान में उन्नति और आरक्षण के लिए विशेष प्रावधान किए गए हैं।

डॉ. आंबेडकर ने इन अधिकारों को असमानताओं को दूर और समाप्त करने और समानता, प्रेम और भाईचारे की भावनाओं के आधार पर एक समतावादी समाज की स्थापना के मुख्य उद्देश्य के साथ डिजाइन किया था। सामाजिक न्याय के माध्यम से भारतीय समाज में सकारात्मक सामाजिक परिवर्तन लाने का डॉ. आंबेडकर का विचार भारत के संविधान के भाग चार में भी परिलक्षित होता है, जो भारतीय संविधान की एक 'नवीन विशेषता' है और भारत में सामाजिक और आर्थिक लोकतंत्र के विचार को बढ़ावा देने के लिए है।

सामाजिक परिवर्तन के लिए शिक्षा

शिक्षा एक समाज में सभी स्तरों पर विशेष रूप से भारत में समानता प्राप्त करने का साधन है। आर्थिक प्रगति प्राप्त करने के अलावा, असमानताओं पर काबू पाने और सामाजिक परिवर्तन में तेजी लाने की प्रक्रिया में शिक्षा एक शक्तिशाली साधन है।

आंबेडकर की शिक्षा का दर्शन सामाजिक मुक्ति से संबंधित है, जो सभी के लिए समान अधिकार और शिक्षा के अवसरों की माँग करता है; यह आत्मसम्मान और आत्मविकास के लिए खड़ा है; और इसका अर्थ जीवन में आर्थिक विषमता को दूर करने के लिए दासता, छुआछूत, जातिवाद, उत्पीड़न आदि बुराइयों के खिलाफ एक सामाजिक क्रांति भी है।

> ***डॉ. आंबेडकर ने विशेष रूप से संविधान के भाग तीन के तहत भारत के नागरिक को समानता का अधिकार और समान अवसर प्रदान करके भारतीय समाज से असमानता को दूर करने पर ध्यान केंद्रित किया, जिसमें जाति, पंथ, आयु, लिंग, आदि के बावजूद सभी को शिक्षा के समान अवसर शामिल हैं।***

डॉ. आंबेडकर ने विशेष रूप से संविधान के भाग तीन के तहत भारत के नागरिक को समानता का अधिकार और समान अवसर प्रदान करके भारतीय समाज से असमानता को दूर करने पर ध्यान केंद्रित किया, जिसमें जाति, पंथ, आयु, लिंग, आदि के बावजूद सभी को शिक्षा के समान अवसर शामिल हैं। संविधान पारंपरिक भारतीय सामाजिक व्यवस्था को एक ऐसे समाज से बदलने का आदेश देता है, जिसमें शिक्षा छोटे अल्पसंख्यकों के लिए एक विशेषाधिकार थी, जिसे विभिन्न संवैधानिक संशोधनों के माध्यम से सभी लोगों को उपलब्ध कराया जा सकता था।

डॉ. आंबेडकर के शिक्षा दर्शन का मूल जोर सभी श्रेणियों के

नागरिकों के बीच स्वतंत्रता, समानता, बंधुत्व, न्याय और नैतिक चरित्र के मूल्यों को विकसित करना है और शिक्षा का उनका दर्शन भारतीय संविधान के विभिन्न प्रावधानों के माध्यम से काफी स्पष्ट है।

उन्होंने समाज में उत्पीड़ित वर्गों के अधिकारों के लिए जीवन भर संघर्ष किया। उन्होंने अन्याय, दमन, शोषण और अत्याचार के खिलाफ आवाज उठाई। उनका जीवन, दर्शन और मिशन सभी प्रकार के न्याय को सामाजिक, आर्थिक और राजनीतिक और दमित मानवता के समग्र सुधार के लिए समर्पित था। वह उन सभी वैज्ञानिक और सामाजिक गतिविधियों के पक्षधर थे, जिन्होंने मानव प्रगति और खुशी के कारण को बढ़ाया।

डॉ. आंबेडकर ने जोर देकर कहा है कि, सामाजिक नैतिकता द्वारा समर्थित कानून सामाजिक और शैक्षिक रूप से पिछड़े वर्गों के भाग्य को बदलने के लिए पर्याप्त नहीं होगा। इस प्रकार उन्होंने कहा, "अधिकार कानून द्वारा नहीं, बल्कि समाज के नैतिक और सामाजिक विवेक द्वारा संरक्षित हैं। यदि समुदाय द्वारा मौलिक अधिकारों का विरोध किया जाता है, तो कोई कानून, कोई संसद, कोई न्यायपालिका उन्हें शब्द के वास्तविक अर्थों में गारंटी नहीं दे सकती और यह शिक्षा है, जो छात्रों में इन नैतिक मूल्यों को विकसित कर सकती है।"

□□□